LOUISE THOMAS

FRANZÖSISCHES Kochbuch

Die leckersten Rezepte der französischen Küche
für jeden Geschmack und Anlass

Email: info@edition-lunerion.de
www.edition-lunerion.de

Psiana eCom UG
Berumer Str. 44
26844 Jemgum

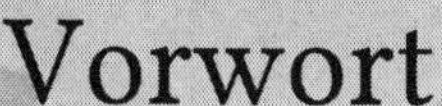

Vorwort

Essen wie Gott in Frankreich – die berühmte Redewendung gibt es nicht ohne Grund, ganz im Gegenteil: Das Land gilt weltweit als Superstar der Haute Cuisine. Doch was Vorreiter in Sachen „erlesen und schick“ ist, kann auch ganz bodenständig und einfach sein, und mit diesem Kochbuch zaubern Sie sich französischen Genuss kinderleicht auf den Teller! Vom exquisiten 7-Gänge-Menü über feine Fischgerichte bis hin zu herzhaft-deftiger Landküche – französisches Essen glänzt mit einzigartiger Vielfalt, die stets eines gemeinsam hat: Höchste Qualität und raffinierte Zubereitung. Ob Bretagne, Elsass, Normandie oder Paris, die unterschiedlichen Regionalküchen setzen mit Fisch, Käse, Wein, Geflügel, deftigen Eintöpfen, reichhaltigen Süßspeisen und vielem mehr ganz eigene Akzente, sodass in diesem Buch wirklich jeder auf seine Kosten kommt. Fleisch- und Fischfans werden ebenso fündig wie Veggies, Freunde der leichten Küche genauso wie Liebhaber des deftigen Genusses und auch Naschkatzen entdecken kulinarische Highlights am laufenden Band.

Guten Appetit!

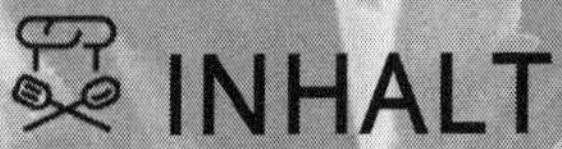

INHALT

Die französische Küche

La Cuisine française, zu Deutsch die französische Küche, ist die Nationalküche Frankreichs und genießt weltweit ein hohes Ansehen. Insbesondere die hohe Qualität der Speisen und Getränke und auch die stark ausgeprägte Vielfältigkeit formen die französische Kulinarik nachhaltig. In Frankreich gilt das Essen und Trinken als elementarer Bestandteil der französischen Kultur und hat somit einen hohen Stellenwert im alltäglichen Leben.

Seit Beginn der frühen Neuzeit gilt die französische Küche als einflussreichste Landesküche Europas. Sie formte und prägte Standards, die noch heute weltweit praktiziert und eingehalten werden. Im 19. Jahrhundert entwickelte sich dann die Haute Cuisine, welche bis heute als Nationalküche der Franzosen gilt und darüber hinaus als Vorbild für die allgemeine, gehobene Küche definiert wird. Daneben gilt auch die Regionalküche Frankreichs als besonders facettenreich und geschmackvoll, da diese vor allem von regionalen Zutaten und Zubereitungsweisen geprägt ist.

EIN KLEINER EINBLICK IN DIE GESCHICHTE

Frühe Neuzeit

Eine weitverbreitete Auffassung besagt, dass sich die französische Küche der Neuzeit aus den Einflüssen der berühmten italienischen Köchin Katharina von Medici gebildet hat. Gegen diese Annahme spricht jedoch, dass die Küche der Neuzeit als Fortführung der allgemeinen und mittelalterlichen Küche verstanden werden kann. Des Weiteren weist auch die spätere Haute Cuisine kaum italienische Einflüsse auf, was darauf hindeuten könnte, dass auch die Küche der Neuzeit kaum italienische Tendenzen aufweist, sondern einfach sehr konservativ und „klassisch französisch“ wirkt.

Unabhängig davon, wie sich die Küche der frühen Neuzeit entwickelt hat, galt sie schon damals als maßgebender Einfluss für viele Adelshäuser in Europa, da Frankreich bereits zu dieser Zeit als kulturell führendes Land galt. Die Küche der frühen Neuzeit gilt zudem als Ursprung des klassischen 3-Gänge-Menüs, welches aus Vorspeise, Hauptspeise und Dessert besteht. Auch die Weiterentwicklung zum 5-, 7- oder 9-Gänge-Menü wurde den Franzosen zugeschrieben und wird noch heute weltweit praktiziert.

Haute Cuisine

Die Haute Cuisine hat sich zu Beginn des 19. Jahrhunderts entwickelt und gilt seitdem als gehobene Nationalküche Frankreichs. Sowohl die Qualität der Speisen als auch die meist besonders aufwendige und präzise Zubereitungsart zeichnen den gehobenen Standard der Küche aus und setzen weltweit die Maßstäbe für eine gehobene und exquisite Küche. Die Haute Cuisine gilt weltweit als kulturell fortschrittlichste Küche und wurde von berühmten Köchen wie beispielsweise Jean Anthelme Brillat-Savarin, Auguste Escoffier oder auch Marie-Antoine Carême nachhaltig geprägt und weiterentwickelt.

Grande Cuisine

Zur Zeit der Französischen Revolution etablierten sich viele Restaurants, die den Standard der Haute Cuisine umsetzten und sowohl der Qualität als auch der Zubereitungsart der Haute Cuisine nacheiferten. Die Kochkunst der Haute Cuisine verbreitete sich dadurch in weiten Teilen des Landes und setzte im Bereich der Gastronomie neue Maßstäbe. Die Grand Cuisine kann somit als gehobene Restaurantküche verstanden werden und steht bis heute für einen exquisiten Genuss und erlesene Qualität.

Nouvelle Cuisine

Die Nouvelle Cuisine gilt als „Neue Küche" Frankreichs, welche sich zwar aus der Haute Cuisine und der Grande Cuisine entwickelt hat, jedoch eine andere Richtung einschlägt. Die Nouvelle Cuisine legt den Schwerpunkt auf die Frische, die Leichtigkeit und den Purismus der Lebensmittel und deren Eigengeschmäcker. Dieser Trend gilt als Erneuerungsbewegung der Kochkunst und findet inzwischen weltweit großen Anklang. Insbesondere der berühmte französische Koch Paul Bocuse gilt als maßgebender Einflussnehmer.

CHARAKTERISTISCHE KLASSIKER

Wer an Frankreich denkt, denkt vermutlich an süßes Gebäck wie Croissants und Pain au Chocolat. Diese süßen Backwaren sind meist aus Blätterteig gefertigt und werden oftmals durch süße Konfitüren, hochwertige Butter oder qualitative Schokolade verfeinert.

Doch auch herzhafte Brote, wie beispielsweise das Baguette, gelten als Klassiker und sind aus der französischen Küche nicht mehr wegzudenken.

Darüber hinaus gilt Frankreich als das Land des Weines und des Käses, von dem es mehr als 400 verschiedene regionale Sorten gibt. Für die Franzosen stellt Käse jedoch nicht nur ein Brotbelag dar, sondern kann auch als Snack oder Dessert gegessen werden. Nicht umsonst heißt es „Le fromage ferme l´estomac" zu Deutsch „Käse schließt den Magen".

Auch Soßen wie die Béchamelsoße, die Sauce béarnaise oder die klassische Mayonnaise haben ihren Ursprung in Frankreich.

All diese charakteristischen Klassiker stellen schon fast eine Art stellvertretendes Nationalsymbol dar und werden weltweit der französischen Küche und somit auch Frankreich zugeschrieben.

Falls Sie also einmal in Frankreich sein sollten, verpassen Sie es nicht, diese Klassiker zu probieren und lassen Sie sich durch den Genuss vom französischen Lebensgefühl mitreißen.

REGIONALE KÜCHEN

Die französische Küche ist geprägt von vielen verschiedenen regionalen Einflüssen und weist dadurch eine besonders facettenreiche Vielseitigkeit auf.

Im Nordwesten Frankreichs liegt die Region Normandie. Hier gibt es viele Apfelplantagen und eine starke Milchwirtschaft. Daraus resultierend ist die Küche der Normandie geprägt von Apfelkuchen, cremigen Soßen, kräftigem Käse und Kalbsfleischgerichten.

Die Küche der am Meer gelegenen Bretagne hingegen weist einen hohen Anteil an Fischgerichten auf und auch die Verwendung von Meeresfrüchten ist hier typisch. Der vom Meer kommende Wind lässt die Weiden zu Salzwiesen werden, auf denen Schafe und Lämmer weiden, deren Fleisch sich später durch einen leichten Salzgeschmack auszeichnet. Darüber hinaus gilt auch das Gemüse der Bretagne als sehr geschmackvoll, wobei die Artischocken eine ganz besondere Delikatesse darstellen. Weitere Spezialitäten sind zudem die landestypischen Crêpes als auch die Galettes, die ihren Ursprung ebenfalls in der Bretagne haben.

Im Süden Frankreichs gilt Périgord als beliebte Trüffel-Gegend und auch Gänse werden hier besonders häufig gehalten. Die bekannte Foie gras (Gänsestopfleber) wird unter anderem auch in Périgord gefertigt.

Während im südlichen Frankreich eine eher mediterrane Küche praktiziert wird, findet man im Binnenland hingegen rustikalere und deftigere Speisen. Die Gegend Languedoc beispielsweise steht stellvertretend für den kräftigen Eintopf Cassoulet, welcher aus weißen Bohnen, Fleisch, Speck und Kräutern besteht.

In der Provence haben viele bekannte französische Gerichte ihren Ursprung. Ob die berühmte Bouillabaisse (Fischsuppe) oder die klassische Ratatouille (eine Art Gemüseeintopf) – die Provence steht für aromatischen Geschmack, frisches Gemüse, vielfältige Kräuter und hochwertiges Olivenöl.

In und um die Region Lyon herum dominieren vor allem Gerichte mit Schwein- oder Huhnkomponenten, wobei Letzteres in der Regel aus der nahegelegenen Bresse stammt.

Der Norden Frankreichs gilt als Heimat der Weine. Viele bekannte Rot- und Weißweine stammen zum Beispiel aus Bourgogne. In dieser Gegend finden sich zudem nicht nur klassische Fisch- oder Fleischgerichte, sondern auch Weinbergschnecken sind hier häufig auf den Speisekarten zu finden.

Die bekannte Zwiebelsuppe oder das berühmte Pariser Schnitzel haben ihren Ursprung, wie es der Name bereits vermuten lässt, in Paris. Die Pariser Küche ist jedoch durch den Tourismus weitgehend von allen Regionen geprägt und vereint viele verschiedene regionale Einflüsse, sowohl Klassiker als auch Gerichte der Moderne.

In der Region in und um Elsass hingegen wird die Speisekarte wieder von deftigeren Speisen dominiert, wie zum Beispiel dem Baeckeoffe (einem Schmoreintopf) oder herzhaften Sauerkraut-Gerichten. Doch auch der berühmte Flammkuchen oder die flambierte Obsttarte haben hier ihren Ursprung.

Wie anhand der regionalen Unterschiede auffällt, ist die Küche Frankreichs wirklich vielseitig und gilt berechtigterweise als eine der abwechslungsreichsten Küchen der Welt.

Frühstück

(STANGENBROT)

BAGUETTE

 3 Port.

 5,5 Std.

 Mittel

Zutaten

500 g Baguettemehl T65* oder Weizenmehl Type 550
340 g Wasser
9 g Salz
5 g Hefe, frisch (Würfel)
50 g Pâte fermentée

Nährwerte p. P.

623 kcal
130 g Kohlenhydrate
2 g Fett
18 g Eiweiß

1 Zunächst das Mehl in eine Schüssel füllen und mit dem Wasser aufgießen. Anschließend mit einem Handrührgerät mit Knethaken für etwa fünf Minuten gründlich verrühren. Danach die Schüssel mit einem Küchenhandtuch abdecken und für ca. 20 Minuten ruhen lassen.

2 Nach der Ruhezeit den Pâte fermentée, die Hefe und das Salz in die Schüssel geben und nochmals ca. fünf Minuten gründlich einrühren. Die Schüssel erneut mit einem Küchenhandtuch abdecken und den Teig für 30 Minuten an einem warmen Ort gehen lassen.

3 Nach Ende der Gehzeit eine Arbeitsfläche mit Mehl bestäuben, den Teig aus der Schüssel nehmen und auf der vorbereiteten Arbeitsfläche zu einem Quadrat auseinanderziehen. Das obere Drittel nach vorn einschlagen, das untere Drittel nach hinten wegklappen (ähnlich wie beim Falten eines Briefes). Diesen Vorgang noch einmal wiederholen. Den Teig im Anschluss zu einer Kugel formen, zurück in die Schüssel geben, abdecken und für weitere 30 bis 90 Minuten gehen lassen.

4 Nach Ablauf der Gehzeit den Teig in drei gleich große Teile teilen und jede Teigkugel leicht plattdrücken. Das obere Drittel nun erneut zur Mitte einschlagen und an den Seiten leicht andrücken. Diesen Vorgang zweimal wiederholen, sodass eine längliche Form entsteht. Den Teig nun final zum Baguette formen bzw. rollen. Die Teiglinge leicht mit Mehl bestäuben und auf ein Küchenhandtuch legen.

5 Nochmals für ca. 45 bis 60 Minuten ruhen lassen und währenddessen mit einem weiteren Küchenhandtuch abdecken, um den Teig vor Zugluft zu schützen.

6 In der Zwischenzeit den Backofen auf 240 °C Ober- und Unterhitze vorheizen und ein Backblech in den Ofen schieben. Ein weiteres Backblech umdrehen und die Rückseite mit Backpapier auslegen. Nach Ende der Ruhezeit die Teiglinge auf das umgedrehte Backblech legen, mit Hilfe eines scharfen Messers der Länge nach ca. 1 cm tief einschneiden und dann die Baguettes samt Backpapier vorsichtig auf das heiße Backblech im Ofen schieben. Die Hitzezufuhr auf 220 °C reduzieren und die Baguettes für etwa 20 bis 25 Minuten goldbraun ausbacken.

7 Nach Ende der Backzeit die fertigen Baguettes aus dem Ofen nehmen, auf einem Gitter auskühlen lassen und im Anschluss wahlweise warm oder kalt aufschneiden und servieren.

(SAUERTEIGBROT)

PAIN AU LEVAIN

3 Port.

18 Std. 25Min.

Mittel

Zutaten

Für den Sauerteig Vorteig Stufe 1:
150 g Mehl Type 550
110 g warmes Wasser (ca. 35 °C)
20 g Sauerteig

Für den Sauerteig Vorteig Stufe 2:
Sauerteig Vorteig Stufe 1
50 g Mehl Type 550
35 g Wasser (ca. 35 °C)

Für den Hauptteig:
600 g Mehl Type 550
530 g Wasser (ca. 35 °C)
200 g Roggenmehl
20 g Salz

Nährwerte p. P.

1144 kcal
242 g Kohlenhydrate
4 g Fett
34 g Eiweiß

1 Vorteig Stufe 1) Zunächst das warme Wasser in eine Schüssel füllen und den Sauerteig dazugeben. Kräftig verrühren und erst im Anschluss das Mehl dazugeben und gründlich einarbeiten. Die Schüssel mit einem Küchenhandtuch abdecken und den Teig für ca. 8 bis 12 Stunden bei Zimmertemperatur ruhen lassen.

2 (Vorteig Stufe 2) Nach Ende der Ruhezeit nochmals warmes Wasser dazugeben, kräftig verrühren und anschließend das Mehl untermischen. Erneut mit einem Küchenhandtuch abdecken und für weitere drei Stunden ruhen lassen.

3 (Hauptteig) Nun das restliche warme Wasser mit in die Schüssel gießen, gründlich mit dem Teig verrühren und im Anschluss sowohl das Weizenmehl als auch das Roggenmehl hinzufügen und zu einem homogenen Teig verkneten. Nach etwa fünf Minuten Kneten das Salz dazugeben und für weitere 15 Minuten weiterkneten. Die Schüssel mit einem Küchenhandtuch abdecken und den Teig nochmals für zwei bis drei Stunden gären lassen.

4 Während der Gärzeit den Teig zwei bis drei Mal falten. Hierfür mit feuchten Händen den Teig leicht plattdrücken und eine Teigkante hochziehen und an der unteren Seite einklappen. Im Anschluss weiter ruhen lassen.

5 Nach Ablauf der Gärzeit den Teig auf eine mit Mehl bestäubten Arbeitsfläche legen und in drei Teile teilen. Die Teiglinge jeweils etwas plattdrücken und die äußeren Kanten dann leicht zur Mitte hin einschlagen.

6 Nun zu einer länglichen Form fest aufrollen.

7 Die Teigrollen mit der Naht nach oben auf ein Küchenhandtuch legen, mit einem zweiten Tuch abdecken und für eine Stunde bei Zimmertemperatur gehen lassen. Währenddessen den Backofen auf 250 °C Ober- und Unterhitze vorheizen und ein Backblech in den Ofen schieben. Ein weiteres Backblech umdrehen und die Rückseite mit Backpapier auslegen.

8 Nach Ende der Ruhezeit die Teiglinge auf das umgedrehte Backblech stürzen, sodass die Nahtseite nun unten liegt. Mit Hilfe eines scharfen Messers der Länge nach ca. 1 cm tief einschneiden und drei bis vier kleine Querschnitte mittig in die Brote machen.

9 Nun die Brote samt Backpapier vorsichtig auf das heiße Backblech im Ofen schieben. Die Hitzezufuhr auf 22 °C reduzieren und die Baguettes für etwa 20 Minuten backen. Anschließend kurz die Ofentür öffnen, den Dampf entweichen lassen und dann die Brote für weitere 20 Minuten im geschlossenen Backofen fertig backen.

10 Nach Ende der Backzeit die fertigen Sauerteigbrote aus dem Ofen nehmen, auf ein Gitter legen und abkühlen lassen. Wahlweise warm oder kalt aufschneiden und servieren.

(KLASSISCHER FRENCH TOAST)

PAIN PERDU

3 Port.

10 Min.

Leicht

Zutaten

6 Toastbrotscheiben
1 Banane
6 EL Milch
2 EL Mehl
etwas Butter zum Braten
1 Prise Salz
1 Msp. Zimt
Früchte nach Wahl zum Dekorieren

Nährwerte p. P.

78 kcal
16 g Kohlenhydrate
1 g Fett
2 g Eiweiß

1 Zunächst die Banane schälen und mit Hilfe einer Gabel zerdrücken. Anschließend in einen tiefen Teller oder eine geeignete Form füllen, die Milch dazugießen sowie das Mehl, das Salz und den Zimt hinzufügen. Alles gründlich vermischen.

2 Nun die Brotscheiben nacheinander in dem Teig wenden. Etwas Butter in eine Pfanne füllen, erhitzen und die vorbereiteten Brotscheiben bei mäßiger Hitzezufuhr für zwei bis drei Minuten pro Seite goldbraun ausbacken.

3 Die fertigen French Toast auf einen Teller legen, schräg aufschneiden, mit den frischen Früchten garnieren und noch warm genießen.

(FRANZÖSISCHES SANDWICH)

CROQUE MADAME

 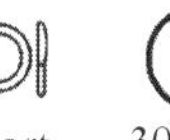 

4 Port. 30 Min. Leicht

Zutaten

4 Scheiben Roggenmischbrot
400 g junger Blattspinat
4 Scheiben Räucherlachs
1 Zwiebel
4 Eier
2 bis 3 EL Weinessig
2 EL Butter
4 EL Streukäse
Muskatnuss, Knoblauchsalz, Pfeffer

Nährwerte p. P.

302 kcal
26 g Kohlenhydrate
14 g Fett
17 g Eiweiß

1 Zunächst einen Esslöffel Butter in eine Pfanne geben, erhitzen und die Brotscheiben bei mäßiger Hitze von beiden Seiten für je zwei bis drei Minuten anrösten. Währenddessen mit etwas Salz und Pfeffer bestreuen. Die Brotscheiben auf einen Teller geben und abkühlen lassen.

2 Als Nächstes reichlich Wasser in einen kleinen Topf füllen, den Essig dazugeben und aufkochen lassen. Die Eier einzeln auf eine Schöpfkelle aufschlagen. Nun mit Hilfe eines Holzlöffels einen kleinen Strudel im kochenden Essigwasser erzeugen und mit der Schöpfkelle vorsichtig ein Ei in den Wasserstrudel gleiten lassen. Den Topf von der Herdplatte nehmen und das Ei für drei bis vier Minuten garen lassen. Anschließend mit einer Schaumkelle vorsichtig aus dem Topf heben und auf einem mit Küchenpapier ausgelegten Teller abkühlen lassen. Auf diese Weise alle Eier garen.

3 Danach die Zwiebel schälen und sehr fein hacken. Die restliche Butter in eine zweite Pfanne füllen, erhitzen und die Zwiebel darin glasig dünsten. Währenddessen den Spinat waschen, sehr gründlich trocken tupfen und dann mit in die Pfanne geben. Für etwa fünf Minuten bei mäßiger Hitze garen, bis der Spinat zusammenfällt. Mit Muskat, Salz und Pfeffer würzen.

4 Nun den Spinat gleichmäßig auf die vorbereiteten Brotscheiben schichten. Mit jeweils einer Scheibe Lachs belegen und anschließend ein gegartes Ei darauf platzieren. Mit dem Käse toppen und noch warm servieren und genießen.

CROISSANT

4 Port.

4 Std.

Mittel

Zutaten

550 g Mehl Typ 550
250 g Butter
50 g Zucker
25 g frische Hefe
1 Ei
250 ml warme Milch
1 TL Salz

Nährwerte p. P.

1046 kcal
114 g Kohlenhydrate
57 g Fett
18 g Eiweiß

1 Zunächst die warme Milch in eine Schüssel füllen, die Hefe hineinkrümeln und einrühren, bis sie sich vollständig aufgelöst hat. Anschließend 500 g Mehl dazusieben sowie den Zucker und das Salz hinzufügen und alles zu einem homogenen Teig verkneten. Die Schüssel nun mit einem Küchenhandtuch abdecken und den Teig an einem warmen Ort für mindestens 30 Minuten gehen lassen.

2 In der Zwischenzeit die Butter in drei Teile schneiden, in eine zweite Schüssel füllen und im Anschluss mit dem restlichen Mehl bestäuben und gründlich verkneten, sodass die Butter formbar wird und sich ausrollen lässt.

3 Nun einen Bogen Backpapier zu einem 20 x 20 cm großen Quadrat falten. Hierbei die Kanten jeweils zur Mitte hin einklappen, sodass ein Viereck entsteht. Nun das Backpapier wieder auseinanderfalten und die Butter-Mehl-Masse in das entstandene Viereck legen.

4 Die Masse plattdrücken, sodass sie bereits ungefähr an die Faltkanten des Vierecks stößt. Nun die Butter-Mehl-Masse mit einem zweiten Bogen Backpapier bedecken und beide Bögen Backpapier zu einem Paket falten. Hierbei an den bereits bestehenden Faltkanten orientieren. Mit Hilfe eines Nudelholzes nun die Butter-Mehl-Masse ausrollen, sodass sie das Viereck vollständig ausfüllt. Die Butter-Mehl-Masse soll zum Schluss eine 20 x 20 cm große dünne Platte ergeben. Die Platte dann in den Kühlschrank legen und für ca. 20 Minuten kühlen.

5 In der Zwischenzeit eine Arbeitsfläche mit etwas Mehl bestäuben und den Hefeteig darauflegen. Mit dem Nudelholz zu einem Rechteck ausrollen (ca. 40 x 20 cm) und nun die gekühlte Butterplatte darauflegen. Den Teig einschlagen und dann wie bei einem Briefumschlag die Spitzen zur Mitte einklappen. Hierbei sollten sich die Spitzen zwar berühren, jedoch nicht überlappen.

6 Den eingeklappten Teig nun wieder vorsichtig zu einem Rechteck ausrollen. Ein äußeres Drittel des Teigrechtecks zur Mitte hin einschlagen und das andere äußere Drittel darüber klappen. Anschließend erneut zu einem Rechteck ausrollen. Nun das Rechteck wie ein Buch zusammenfalten und dann in Backpapier einschlagen. Nochmals in den Kühlschrank geben und für 30 Minuten durchkühlen lassen.

7 Nach Ablauf der Kühlzeit den Teig aus dem Kühlschrank nehmen, zu einem Rechteck ausrollen und nochmals ein äußeres Drittel des Teigrechtecks zur Mitte hin einschlagen und das andere äußere Drittel darüber klappen. Wieder in Backpapier einschlagen und erneut für 30 Minuten kühlen. In der Zwischenzeit den Backofen auf 220 °C Ober- und Unterhitze vorheizen und ein Backblech mit Backpapier auslegen.

8 Den Teig nun aus dem Kühlschrank nehmen, zu einem Rechteck ausrollen und dieses mit Hilfe eines scharfen Messers in schmale hohe Dreiecke zerschneiden. Das Teigdreieck nun vorsichtig an der breiten Seite etwas in die Länge ziehen und dann zur Spitze hin locker aufrollen. Auf diese Weise alle Teigdreiecke verarbeiten und auf das vorbereitete Backblech legen.

9 Nochmals für 30 Minuten ruhen lassen und währenddessen das Ei in eine kleine Schüssel aufschlagen. Kräftig verquirlen und die Croissants anschließend damit einpinseln. Das Blech in den Ofen schieben und die Croissants für 20 bis 25 Minuten goldbraun backen.

10 Nach Ende der Backzeit die fertigen Croissants aus dem Ofen nehmen, auf einem Gitter abkühlen lassen und wahlweise warm oder kalt servieren und genießen.

BRIOCHE

1 Port.

14 Std.
25 Min.

Mittel

Zutaten

500 g Mehl
250 g sehr weiche Butter
50 g Zucker
30 g Hefe
4 Eier
1 Eigelb
100 ml warme Milch
½ TL Salz
Hagelzucker zum Bestreuen

Nährwerte p. P.

4198 kcal
414 g Kohlenhydrate
242 g Fett
81 g Eiweiß

1 Zunächst die warme Milch in eine Schüssel füllen, die Hefe hineinbröseln und einen Teelöffel Zucker einrühren. Alles gründlich umrühren, bis sich die Hefe vollständig aufgelöst hat. Nun das Mehl sowie den restlichen Zucker in eine zweite große Schüssel füllen, mittig eine kleine Vertiefung hineindrücken und anschließend den Milch-Hefe-Mix in die Mulde gießen. Die Schüssel mit einem Küchenhandtuch abdecken und an einem warmen Ort für ca. zehn Minuten ruhen lassen.

2 Nach Ende der Ruhezeit die Eier sowie das Salz in die Schüssel geben und flöckchenweise die weiche Butter hinzufügen. Alles von der Mitte ausgehend zu einem homogenen Teig verkneten. Die Schüssel mit Frischhaltefolie abdecken und den Teig für etwa zwölf Stunden in den Kühlschrank geben und durchkühlen.

3 Nach Ablauf der Kühlzeit den Hefeteig aus dem Kühlschrank und langsam auf Zimmertemperatur kommen lassen. Währenddessen eine Kastenform mit etwas Fett ausstreichen. Nun den Teig in die vorbereitete Form füllen und an einem warmen Ort nochmals für 60 Minuten gehen lassen. In der Zwischenzeit den Backofen auf 190 °C Ober- und Unterhitze vorheizen.

4 Nach Ablauf der Ziehzeit das Eigelb mit Hilfe einer Gabel verquirlen, den Teig damit oberflächlich bepinseln und anschließend nach Belieben mit Hagelzucker bestreuen. Die Form in den Ofen schieben und das Brioche für ca. 20 bis 30 Minuten backen. Hierbei bei Bedarf nach etwa 15 Minuten mit Alufolie abdecken, falls die Oberfläche zu dunkel werden sollte.

5 Nach Ende der Backzeit das fertige Brot aus dem Ofen nehmen, kurz in der Form abkühlen lassen und dann auf ein Kuchengitter stürzen. Wahlweise noch warm oder komplett abgekühlt aufschneiden und genießen.

(SCHOKOCROISSANT)

PAIN AU CHOCOLAT

8 Port.

2 Std. 40 Min.

Mittel

Zutaten

280 g Mehl
170 g sehr weiche Butter
70 g Zartbitterschokolade
60 g Zucker
30 g Haselnussblättchen
15 g Hefe
1 Ei
1 Eigelb
135 ml Milch
Salz

Nährwerte p. P.

390 kcal
34 g Kohlenhydrate
25 g Fett
7 g Eiweiß

1 Zunächst 250 g Mehl in eine Schüssel füllen und mittig eine kleine Vertiefung eindrücken. Nun die Hefe in die Mulde bröseln und diese mit 125 ml Milch aufgießen sowie den Zucker hinzufügen. Anschließend rundherum flöckchenweise 150 g Butter verteilen und das Ei sowie eine Prise Salz dazugeben.

2 Mit Hilfe eines Handrührgeräts mit Knethaken zu einem homogenen Teig verkneten. Nun die Schüssel mit einem Küchenhandtuch abdecken und den Teig an einem kühlen Ort für etwa 30 Minuten ruhen lassen.

3 In der Zwischenzeit die Butter in eine zweite Schüssel füllen und im Anschluss mit dem restlichen Mehl bestäuben. Gründlich verkneten, sodass die Butter formbar wird und sich ausrollen lässt.

4 Nun die Masse auf einer bemehlten Arbeitsfläche plattdrücken und mit einem Nudelholz zu einem 12 x 12 cm großen Viereck ausrollen. Die Butterplatte in Frischhaltefolie einschlagen, in den Kühlschrank legen und für ca. 25 Minuten kühlen.

5 In der Zwischenzeit eine Arbeitsfläche mit etwas Mehl bestäuben und den Hefeteig darauflegen. Mit dem Nudelholz zu einem Rechteck ausrollen (ca. 17 x 17 cm) und nun die gekühlte Butterplatte darauflegen. Den Teig einschlagen und dann wie bei einem Briefumschlag die Spitzen zur Mitte einklappen. Hierbei sollten sich die Spitzen zwar berühren, jedoch nicht überlappen.

6 Den eingeklappten Teig nun wieder vorsichtig zu einem Rechteck ausrollen. Ein äußeres Drittel des Teigrechtecks zur Mitte hin einschlagen und das andere äußere Drittel darüber klappen. Anschließend erneut zu einem Rechteck ausrollen. Nun das Rechteck wie ein Buch zusammenfalten und dann in Backpapiere einschlagen. Nochmals in den Kühlschrank geben und für 30 Minuten durchkühlen lassen.

7 Nach Ablauf der Kühlzeit den Teig aus dem Kühlschrank nehmen, zu einem Rechteck ausrollen und nochmals ein äußeres Drittel des Teigrechtecks zur Mitte hin einschlagen und das andere äußere Drittel darüber klappen. Wieder in Backpapier einschlagen und erneut für 30 Minuten kühlen.

8 In der Zwischenzeit den Backofen auf 180 °C Ober- und Unterhitze vorheizen und ein Backblech mit Backpapier auslegen.Den fertigen Teig nun zu einem Rechteck (ca. 36 x 28 cm) ausrollen und nochmals fünf Minuten ruhen lassen. Währenddessen die Schokolade in acht Teile zerkleinern.

9 Nun den Teig ebenfalls in acht Stücke teilen (14 x 9 cm) und jedes Teigstück mit etwas Wasser bepinseln. Danach mit den Nüssen bestreuen sowie die Schokolade auf das untere Drittel platzieren.

10 Das obere Teigende nun über die Schokolade klappen, leicht andrücken und von der Schokolade ausgehend locker aufrollen. Die Teiglinge mit der Naht nach unten auf das vorbereitete Backblech legen und erneut für etwa zehn Minuten ruhen lassen.

11 In der Zwischenzeit das Eigelb in ein Gefäß füllen, die restliche Milch dazugeben und eine Prise Salz hinzufügen. Kräftig verquirlen und die Brötchen damit einpinseln. Im Anschluss das Blech in den Ofen schieben und die Brötchen für etwa 20 Minuten goldbraun backen.

12 Nach Ende der Backzeit die Pain au chocolat aus dem Ofen nehmen, auf ein Kuchengitter legen und abkühlen lassen. Wahlweise warm oder kalt genießen.

(MELONENKONFITÜRE)

BESCHWIPSTE CHARENTAIS KONFITÜRE

1 Port.

1 Std. 20 Min.

Leicht

Zutaten

3 Charentais Melonen
100 ml Sherry oder Portwein
½ TL Zitronensäure
500 g Gelierzucker 3:1

Nährwerte p. P.

2544 kcal
587 g Kohlenhydrate
2 g Fett
9 g Eiweiß

1 Zunächst die Melonen schälen, das Fruchtfleisch zerkleinern und in einen Topf füllen. Mit Hilfe eines Pürierstabs fein mixen und anschließend den Zucker sowie die Zitronensäure unterrühren. Für etwa eine Stunde bei Raumtemperatur ziehen lassen.

2 Nach Ende der Ziehzeit den Topf auf die Herdplatte stellen und das Melonenmus bei mäßiger Hitze aufkochen lassen. Dann die Hitzezufuhr reduzieren und die Melonenmasse unter Rühren für etwa vier bis fünf Minuten leise köcheln lassen.

3 Nach Ende der Kochzeit den Topf von der Herdplatte nehmen, den Sherry oder Portwein untermischen und die heiße Masse sofort in sterilisierte Einmachgläser umfüllen. Die Gläser verschließen, auf den Kopf stellen und vollständig abkühlen lassen. Die beschwipste Charentais Konfitüre hält sich dunkel und kühl gelagert für mehrere Wochen.

(CREME AUS MARONEN)

CRÈME POITRINE

3 Port.

45 Min.

Leicht

Zutaten

400 g vorgekochte Maronen
300 g Zucker
1 Tonkabohne
200 ml Wasser

Nährwerte p. P.

643 kcal
147 g Kohlenhydrate
3 g Fett
3 g Eiweiß

1 Zunächst die Tonkabohne sehr fein mahlen und anschließend mit dem Zucker vermischen.

2 Danach die Maronen ebenfalls fein mahlen, in einen Topf füllen und mit dem Tonkabohnen-Zucker-Mix vermischen.

3 Die Maronen mit dem Wasser aufgießen, umrühren und bei mäßiger Hitze für ca. 15 Minuten kochen. Die fertige Masse in sterilisierte Einmachgläser füllen, verschließen und abkühlen lassen. Die Creme aus Maronen hält sich im Kühlschrank für mehrere Wochen.

Suppen

(ZWIEBELSUPPE)

SOUPE A L'OIGNON

2 Port.

40 Min.

Leicht

Zutaten

50 g Käse
20 g Butter
3 Zwiebeln
4 Scheiben altes Weißbrot
1 Knoblauchzehe
500 ml Rinderbrühe
50 ml trockener Weißwein
1 EL Mehl
Petersilie
Salz, Pfeffer

Nährwerte p. P.

522 kcal
27 g Kohlenhydrate
38 g Fett
12 g Eiweiß

1 Zunächst den Backofen auf 200 °C Umluft vorheizen. Anschließend den Knoblauch schälen und fein hacken sowie die Zwiebeln schälen, halbieren und dann in Ringe schneiden. Nun die Butter in einen Topf füllen, bei mäßiger Hitze schmelzen lassen und dann die Zwiebeln zusammen mit dem Knoblauch darin anschwitzen.

2 Nach zwei bis drei Minuten den Zwiebel-Knoblauch-Mix mit etwas Mehl bestäuben und kräftig verrühren. Mit Salz und Pfeffer bestreuen und im Anschluss mit dem Wein ablöschen.

3 Nun mit der Brühe aufgießen und alles gründlich verrühren. Bei mäßiger Hitze für ca. 20 Minuten leise köcheln lassen.

4 In der Zwischenzeit die Brotscheiben wahlweise im Toaster oder im Backofen kurz antoasten.

5 Nach Ende der Kochzeit die fertige Suppe gleichmäßig auf vier kleine, feuerfeste Schälchen verteilen, mit je einer Brotscheibe toppen und mit dem Käse bestreuen. Die Schälchen für ca. fünf Minuten in den Backofen schieben.

6 Nach Ende der Backzeit die Schälchen aus dem Ofen nehmen, mit etwas Petersilie dekorieren und direkt servieren.

(FRANZÖSISCHE MIESMUSCHELSUPPE)

SOUPE FRANCAISE DE MOULES

 4 Port.

 50 Min.

 Leicht

Zutaten

1 kg Miesmuscheln
150 g Sellerie
100 g Lauch
Je 2 Zweige Thymian und Rosmarin
2 Schalotten
1 Möhre
1 Dose Safranpuder
600 ml Fischfond
300 ml trockener Weißwein
100 ml Sahne
40 ml Anisschnaps
4 EL Butter
2 EL Mehl
Petersilie und Dill nach Belieben
Olivenöl
Salz, Pfeffer

Nährwerte p. P.

556 kcal
20 g Kohlenhydrate
32 g Fett
31 g Eiweiß

1 Zunächst die Miesmuscheln unter kaltem, fließendem Wasser gründlich waschen. Hierbei bereits offene Muscheln aussortieren. Im Anschluss etwas Olivenöl in einen großen Topf füllen, erhitzen und die Kräuter hineingeben. Nach ein bis zwei Minuten die Muscheln hinzufügen und für drei bis fünf Minuten anschwitzen.

2 Danach mit dem Weißwein aufgießen. Den Topf mit einem passenden Deckel verschließen und die Muscheln für fünf Minuten bei mäßiger Hitze sanft köcheln lassen.

3 Nach Ende der Garzeit die Muscheln in ein Sieb abkippen und hierbei den Sud auffangen. Die Miesmuscheln kurz ausdampfen lassen und im Anschluss das Fleisch herauslösen.

4 Als Nächstes den Lauch putzen sowie die Möhre und den Sellerie schälen. Jeweils in ca. 4 cm lange Streifen schneiden. Nun einen Topf mit Wasser befüllen, salzen und aufkochen lassen. Das vorbereitete Gemüse für drei bis vier Minuten im kochenden Wasser blanchieren und anschließend mit kaltem Wasser abschrecken.

5 Danach den Dill sowie die Petersilie waschen, trocken tupfen und fein hacken. Im Anschluss die Schalotten schälen und ebenfalls in kleine Würfel hacken.

6 Nun die Butter in einen kleinen Topf füllen und bei mäßiger Hitze schmelzen lassen. Die Schalottenwürfel in die heiße Butter geben und für zwei bis drei Minuten darin andünsten. Im Anschluss mit dem Mehl bestäuben und unter Rühren kurz anschwitzen.

7 Nun mit dem Muschelsud sowie dem Fischfond aufgießen und kräftig verrühren. Den Fond aufkochen lassen und mit Salz und Pfeffer abschmecken.

8 Als Nächstes die Sahne unter die Suppe rühren, nochmals aufkochen lassen und abschließend mit dem Anisschnaps sowie Salz und Pfeffer final abschmecken. Das Muschelfleisch sowie das vorgekochte Gemüse untermengen und für einige Minuten in der Suppe heiß werden lassen. Hierbei darauf achten, dass die Suppe nicht erneut aufkocht.

9 Die fertige Suppe mit dem Dill und der Petersilie bestreuen, servieren und noch heiß genießen.

(FISCHSUPPE MIT BLACK TIGER GARNELEN)

SOUPE DE POISSON AUX CREVETTES

4 Port.

1 Std. 5 Min.

Mittel

Zutaten

400 g gemischte Fischfilets
20 g Mehl
5 Safranfäden
4 Black Tiger Garnelen
4 große Tomaten
4 Knoblauchzehen
3 Zweige Thymian
2 Zwiebeln
1 Fenchel
600 ml Fischfond
200 ml Weißwein
8 EL Olivenöl
1 TL Salz
¼ TL Pfeffer

Nährwerte p. P.

594 kcal
13 g Kohlenhydrate
43 g Fett
28 g Eiweiß

1 Zunächst das Fischfilet unter fließendem Wasser gründlich abspülen, mit einem Küchenpapier trocken tupfen und anschließend in kleine Stücke zerteilen. Danach die Garnelen waschen und schälen. Im Anschluss die Zwiebeln sowie den Knoblauch schälen und jeweils fein hacken.

2 Danach die Tomaten waschen, halbieren, die Stielansätze herausschneiden und die Tomaten stückeln. Anschließend den Fenchel putzen und ebenfalls in kleine Würfel schneiden sowie den Thymian waschen, trocken tupfen und die Blätter von den Stielen zupfen.

3 Als Nächstes das Olivenöl in einen Topf geben, erhitzen und den Knoblauch, die Zwiebeln und den Fenchel darin für drei bis vier Minuten anschwitzen. Anschließend den Safran hinzufügen und für ein bis zwei Minuten mit anbraten.

4 Danach die vorbereiteten Tomatenstücke mit in den Topf füllen, für weitere fünf Minuten dünsten und dann mit dem Wein aufgießen. Bei starker Hitze auf etwa die Hälfte einreduzieren lassen und erst dann mit dem Fischfond auffüllen. Die Suppe bei schwacher Hitze für ca. 30 Minuten leise köcheln lassen. Nach Ende der Kochzeit die Suppe mit Salz und Pfeffer abschmecken.

5 Nun den Fisch sowie die Garnelen mit Salz und Pfeffer bestreuen und in Mehl wälzen. Das Öl in eine Pfanne füllen, heiß werden lassen und den Fisch sowie die Garnelen für jeweils zwei Minuten pro Seite bei mäßiger Hitze darin anbraten.

6 Anschließend auf ein mit Küchenpapier ausgelegten Teller legen, kurz abtropfen lassen und anschließend unter die Suppe heben. Die fertige Suppe mit dem Thymian bestreuen und noch heiß servieren und genießen.

(CHAMPIGNONSUPPE MIT LANDBROT)

SOUPE AUX CHAMPIGNONS AU PAIN DE CAMPAGNE

2 Port.

45 Min.

Leicht

Zutaten

120 g braune Champignons
35 g getrocknete Champignons
3 Stiele Petersilie
1 Schalotte
1 Landbrot
400 ml Sojasahne
250 ml Gemüsebrühe
40 ml Weißwein
Olivenöl
Salz, Pfeffer

Nährwerte p. P.

785 kcal
132 g Kohlenhydrate
12 g Fett
25 g Eiweiß

1 Zunächst die getrockneten Champignons in eine Schüssel füllen, mit kaltem Wasser aufgießen und für etwa 30 Minuten aufquellen lassen. Währenddessen die frischen Pilze putzen und vierteln. Danach die Schalotte schälen und hacken.

2 Nun etwas Olivenöl in eine Pfanne füllen, erhitzen und die Schalotten zusammen mit beiden Pilzsorten bei mäßiger Hitze für ca. zehn Minuten darin anbraten. Nach Ende der Garzeit mit dem Weißwein aufgießen und für weitere fünf Minuten sanft köcheln lassen.

3 Anschließend die Gemüsebrühe sowie die Sahne dazugeben und beides einrühren. Nun die Hitzezufuhr reduzieren und die Suppe nochmals für ca. zehn Minuten leise kochen lassen. Abschließend mit Salz und Pfeffer abschmecken.

4 Als Nächstes das Brot in Scheiben aufschneiden und jede Scheibe mit etwas Olivenöl bestreichen. Die Brotscheiben anschließend portionsweise in eine Pfanne legen und bei mäßiger Hitze kross anrösten.

5 Die fertige Suppe auf zwei Suppenschalen verteilen. Mit etwas frischer Petersilie bestreuen und direkt servieren. Das geröstete Landbrot dazu reichen und zusammen genießen.

(RINDERSUPPE MIT HERZHAFTEN WINDBEUTELN)

CONSOMME AUX PETITES GOUGERES

 4 Port.

 1 Std.

 Mittel

Zutaten

Für die Consomme:
250 g Rinderhackfleisch
2 Eiweiß
1 Stange Lauch
1 Möhre
1 Sellerie
2 l Rinderfond
Etwas Kerbel
Salz, Pfeffer

Für die Gougères:
60 g Mehl
30 g Butter
20 g geriebener Gruyère
125 ml Wasser
1 Ei
Salz

Nährwerte p. P.

686 kcal
25 g Kohlenhydrate
51 g Fett
27 g Eiweiß

1 Zunächst die Möhre und den Sellerie schälen sowie den Lauch putzen. Das Gemüse in kleine Würfel schneiden und in eine Schüssel füllen. Anschließend den Kerbel sehr fein hacken und zum Gemüse geben. Nun das Hackfleisch sowie das Eiweiß dazugeben und alles gründlich miteinander vermengen.

2 Die Masse nun in einen großen Topf geben, mit dem kalten Rinderfond aufgießen und unter Rühren aufkochen lassen. Anschließend mit Salz und Pfeffer abschmecken und für etwa 45 Minuten bei schwacher Hitzezufuhr leise köcheln lassen.

3 In der Zwischenzeit die Gougères zubereiten. Hierfür den Backofen auf 175 °C Umluft vorheizen und ein Backblech mit Backpapier auslegen. Danach die Butter in einen kleinen Topf füllen, erhitzen und das Wasser dazugeben. Kurz aufkochen lassen und dann den Topf von der Herdplatte ziehen.

4 Nun das Mehl einrühren und im Anschluss erst das Ei und dann den Käse untermischen. Den Topf zurück auf die Herdplatte geben und bei mäßiger Hitze heiß werden lassen, bis sich eine Art Klumpen bildet, der sich vom Topfboden löst.

5 Den Teig mit Hilfe zweier kleiner Holzlöffel in vier kleine Häufchen auf das vorbereitete Backblech legen und dieses für etwa 10 bis 15 Minuten in den Ofen schieben. Die Gougères goldgelb ausbacken.

6 Währenddessen die Suppe durch ein feines Sieb oder ein Tuch abseihen. Nun je ein Gougères in eine Schüssel legen, mit der Suppe übergießen und die fertige Consomme aus petites gougères direkt servieren und genießen.

(KÜRBISCREME MIT MARONEN UND BIRNE)

CREME DE POTIRON A LA CHATAIGNE ET POIRE

4 Port.

45 Min.

Leicht

Zutaten

1 ½ kg Hokkaido
400 g küchenfertige Maronen
150 g Bacon
2 feste Birnen
500 ml Sahne
300 ml Wasser
Pfeffer

Nährwerte p. P.

933 kcal
99 g Kohlenhydrate
49 g Fett
18 g Eiweiß

1 Zunächst den Kürbis waschen und in kleine Würfel zerteilen. Anschließend die Birnen schälen, die Kerngehäuse entfernen und die Früchte in kleine Stücke schneiden. Die Birnen sowie die Kürbiswürfel in einen Topf füllen, mit der Sahne sowie dem Wasser aufgießen. Bei mäßiger Hitze für ca. 25 Minuten köcheln lassen.

2 Nach Ende der Kochzeit den Topf von der Herdplatte nehmen, die Suppe kurz abkühlen lassen und dann mit Hilfe eines Pürierstabs grob mixen.

3 Als Nächstes ca. ¾ der Maronen grob hacken, diese unter die Suppe heben, nochmals alles fein pürieren und dann erneut erhitzen (nicht kochen!).

4 Die restlichen Maronen ebenfalls hacken und zusammen mit dem Speck in eine Pfanne füllen. Ohne Zugabe von Fett bei mäßiger Hitze für drei bis fünf Minuten braten und währenddessen mit etwas Pfeffer bestreuen.

5 Die fertige Creme de Potiron a la Chataigne et poire in Suppenteller füllen, mit den gebratenen Maronen und dem Speck garnieren und direkt servieren.

Salate

(SALAT NIZZA)

SALADE NICE

4 Port.

35 Min.

Leicht

Zutaten

300 g Kirschtomaten
4 gekochte Eier
2 rote Paprika
1 Romanasalat
1 Salatgurke
1 Dose Thunfisch
1 rote Zwiebel
1 Handvoll Oliven
1 Handvoll grüne Bohnen
Je ½ Bund glatte Petersilie und Schnittlauch
6 EL Olivenöl
3 EL Rotweinessig
1 TL Senf
Zucker, Salz, Pfeffer

Nährwerte p. P.

394 kcal
11 g Kohlenhydrate
31 g Fett
16 g Eiweiß

1 Zunächst den Salat waschen, trocken schleudern/tupfen und in schmale Streifen schneiden. Anschließend die Gurke waschen und in sehr dünne Scheiben schneiden sowie die Paprika waschen, die Kerngehäuse entfernen und die Schoten in Streifen zerteilen.

2 Nun die Eier pellen und vierteln. Zum Schluss noch die Zwiebel schälen und ebenfalls in Streifen schneiden sowie die Oliven in Ringe aufschneiden. Das gesamte Gemüse dekorativ auf vier Teller verteilen und mit je vier Ei-Vierteln anrichten.

3 Als Nächstes die Kräuter waschen, trocken tupfen und sehr fein hacken. Anschließend in eine Schüssel füllen, das Öl sowie den Essig dazugeben und mit Senf, Zucker, Salz und Pfeffer verrühren. Das fertige Dressing gleichmäßig über den Salat träufeln und den fertigen Salat Nizza servieren und genießen.

(FRANZÖSISCHER MEERESFRUCHTSALAT)

SALADE DE FRUITS DE MER DE FRANCE

6 Port. 1 Tag Leicht

Zutaten

1 kg TK-Pulpo (aufgetaut)
400 g TK-Sepia (aufgetaut)
400 g küchenfertige Garnelen
10 Pfefferkörner
6 Pimentkörner
4 Knoblauchzehen
3 Stangen Staudensellerie
2 Lorbeerblätter
Je 1 rote und gelbe Paprika
1 Bund Petersilie
1 Zitrone
5 l Wasser
250 ml Weißwein
150 ml Olivenöl
Piment d'Espelette
Salz, Pfeffer

Nährwerte p. P.

585 kcal
13 g Kohlenhydrate
29 g Fett
58 g Eiweiß

1 Zunächst das Wasser in einen großen Topf füllen, reichlich Salz dazugeben und anschließend den Weißwein hinzugießen. Nun die Pimentkörner, die Lorbeerblätter und die Pfefferkörner hinzufügen und alles bei starker Hitze aufkochen lassen.

2 Nun den aufgetauten Pulpo mit den Armen in das kochende Wasser tauchen und direkt wieder herausnehmen. Diese Vorgehensweise so lange wiederholen, bis sich die Fangarme einrollen. Anschließend den Pulpo sowie die Sepia komplett in den Topf geben und beides zusammen bei schwacher Hitze für ca. 45 bis 60 Minuten leise köcheln lassen.

3 Nach Ende der Kochzeit die Sepia aus dem Topf nehmen und abkühlen lassen. Den Pulpo für weitere 30 Minuten im heißen Wasser ruhen lassen. Nach Ablauf der Ruhezeit den Pulpo vorsichtig aus dem Topf nehmen und zusammen mit dem Sepia in eine Schüssel legen. Die Schüssel abdecken und über Nacht im Kühlschrank ruhen lassen.

4 Am nächsten Tag die Schüssel aus dem Kühlschrank nehmen und den Pulpo sowie die Sepia in kleine Würfel schneiden. Danach die Paprika waschen, das Kerngehäuse entfernen und die Schote in 2 x 2 mm große Stücke schneiden. Im Anschluss die Selleriestangen putzen und ebenfalls in 2 x 2 mm große Würfel zerteilen.

5 Zum Schluss noch den Knoblauch schälen und pressen sowie die Zitrone waschen, trockenreiben, die Schale fein abraspeln und den Saft aus der Frucht pressen.

6 Als Nächstes den Zitronensaft und den Zitronenabrieb in ein hohes Gefäß füllen. Den gepressten Knoblauch sowie das Olivenöl, Piment d´Espelette, Salz und Pfeffer hinzufügen und alles gründlich verrühren.

7 Zum Abschluss die Pulpo- und Sepiawürfel in eine Schale geben, die Garnelen sowie das vorbereitete Gemüse dazugeben und alles mit dem vorbereiteten Dressing beträufeln. Vorsichtig vermengen und anschließend für ein paar Stunden im Kühlschrank ziehen lassen.

8 Kurz vor dem Servieren den Salat aus dem Kühlschrank nehmen und nochmals mit Salz und Pfeffer abschmecken. Die Petersilie waschen, trocken tupfen, hacken und den Salat damit bestreuen. Direkt servieren und genießen.

(SALAT MIT HEIßEM ZIEGENKÄSE)

SALADE DE CHEVRE CHAUD

 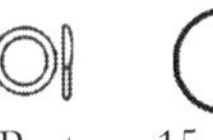 

2 Port. 15 Min. Leicht

Zutaten

2 Baguette-Brötchen
1 Kopfsalat
1 Rolle Ziegenkäse
2 EL Öl
2 EL Essig
1 TL Senf
Salz, Pfeffer

Nährwerte p. P.

524 kcal
28 g Kohlenhydrate
37 g Fett
20 g Eiweiß

1 Zunächst ein Backblech mit Backpapier auslegen und den Backofen auf 150 °C Umluft vorheizen. Anschließend die Baguette-Brötchen sowie den Ziegenkäse in Scheiben aufschneiden. Jeweils eine Scheibe Brot mit einer Scheibe Käse belegen und auf das vorbereitete Backblech legen. Abschließend das Blech für ca. fünf Minuten in den Ofen schieben.

2 In der Zwischenzeit die Vinaigrette herstellen. Dafür das Öl sowie den Essig in eine kleine Schüssel füllen und mit dem Senf verrühren. Mit Salz und Pfeffer abschmecken.

3 Als Nächstes den Salat waschen, trocken tupfen und in mundgerechte Stücke zerkleinern. Den Salat gleichmäßig auf zwei Teller verteilen, die Ziegenkäse-Baguettes daneben drapieren und alles mit der Vinaigrette beträufeln. Direkt servieren und genießen.

(KARTOFFELSALAT)

SALADE DE POMMES DE TERRE

3 Port.

55 Min.

Leicht

Zutaten

500 g frische gekochte Kartoffeln
10 bis 12 kleine saure Gurken
5 Scheiben Kochschinken
1 Zwiebel
1 Bund Petersilie

Für die Vinaigrette:
3 EL Olivenöl
2 EL Essig
1 TL Senf
Salz, Pfeffer

Nährwerte p. P.

330 kcal
32 g Kohlenhydrate
16 g Fett
11 g Eiweiß

1 Zunächst die gekochten Kartoffeln pellen, klein würfeln und in eine Schüssel füllen. Anschließend den Schinken sowie die sauren Gurken zerkleinern und zu den Kartoffeln geben. Danach die Zwiebel schälen, würfeln und ebenfalls in die Schüssel füllen. Zum Schluss noch die Petersilie waschen, trocken tupfen, hacken und den Kartoffel-Mix damit bestreuen.

2 Als Nächstes das Öl sowie den Essig in eine kleine Schüssel gießen, den Senf dazugeben und mit Salz und Pfeffer kräftig verrühren. Die fertige Vinaigrette über den Kartoffelsalat gießen, vorsichtig vermengen und für mindestens 20 Minuten ziehen lassen.

3 Den fertigen Kartoffelsalat wahlweise lauwarm oder kalt servieren und genießen.

(SALAT MIT FRÜHLINGSGEMÜSE)

SALADE AUX PETITS LEGUMES PRINTANIERS

Zutaten

600 g ganze Saubohnen
60 g Ziegenkäse
6 Radieschen
6 Stangen Spargel
2 Handvoll Wildkräuter
1 Handvoll Erbsenschoten
2 EL Honig
1 EL gehackte Pistazien
Olivenöl
Salz, Pfeffer

Nährwerte p. P.

449 kcal
34 g Kohlenhydrate
21 g Fett
25 g Eiweiß

1 Zunächst einen Topf mit reichlich Wasser befüllen, salzen und die Saubohnen darin für etwa fünf Minuten kochen. Anschließend mit kaltem Wasser abschrecken und die Außenhaut der Bohnen abziehen. Danach den Topf erneut mit Wasser befüllen, salzen und aufkochen lassen.

2 Währenddessen den Spargel putzen, die holzigen Enden abschneiden, schräg in Stücke zerteilen und dann die Spargelstücke für vier bis sechs Minuten im kochenden Wasser garen. Ebenfalls mit kaltem Wasser abschrecken und dann beiseitestellen.

3 Als Nächstes die Erbsen aus den Schoten lösen sowie die Wildkräuter waschen, trocken tupfen und zerkleinern. Danach die Radieschen waschen und in sehr dünne Scheiben aufschneiden sowie den Käse würfeln.

4 Die Käsewürfel in eine Schüssel füllen, mit dem Honig beträufeln und vorsichtig vermengen. Anschließend mit den gehackten Pistazien bestreuen.

5 Nun die Wildkräuter in eine Schüssel geben, mit dem Spargel belegen und anschließend mit den Erbsen und den Saubohnen toppen. Mit den marinierten Käsewürfeln bestreuen und abschließend mit etwas Öl beträufeln. Den fertigen Salade aux petite legumes printaniers mit etwas frisch gemahlenem Salz und Pfeffer würzen und direkt servieren.

Fleisch & Geflügel

(WEINBERGSCHNECKEN)

ESCARGOTS DE VIGNE

2 Port.

1 Std. 40 Min.

Leicht

Zutaten

12 Weinbergschnecken
80 g Butter
1 Zwiebel
1 Knoblauchzehe
½ Bund Petersilie
Muskatnuss, Salz, Pfeffer

Nährwerte p. P.

338 kcal
8 g Kohlenhydrate
33 g Fett
2 g Eiweiß

1 Zunächst die Schnecken gründlich und mehrfach mit kaltem Wasser durchwaschen. Anschließend einen Topf mit reichlich Wasser füllen, salzen und aufkochen lassen. Die Schnecken in das kochende Wasser geben und so lange garen, bis sich der Deckel von den Schneckenhäusern löst.

2 Die gekochten Schnecken in ein Sieb abkippen, kurz abkühlen lassen und anschließend mit Hilfe einer Nadel aus den Häusern ziehen. Nun das schwarze Ende sowie den harten Kopf der Schnecken abtrennen und erneut mit warmem Wasser abspülen.

3 Mit einem Küchenpapier trocken tupfen und dann kräftig mit Salz einreiben, damit sich der Schleim löst. Sobald der gesamte Schleim von den Schnecken gelöst ist, erneut mit kochendem Wasser überbrühen.

4 Als Nächstes die leeren Schneckenhäuser mit heißem Wasser gründlich ausspülen und anschließend je eine Schnecke in ein Haus stecken.

5 Danach die Kräuterbutter zubereiten. Hierfür die Butter in eine Schüssel füllen und schaumig rühren. Anschließend die Zwiebel und den Knoblauch schälen und sehr fein hacken sowie die Petersilie waschen, trocken tupfen und ebenfalls hacken.

6 Alles zu der Butter in die Schüssel füllen und gründlich untermischen. Zum Schluss noch mit Muskatnuss, Salz und Pfeffer abschmecken. Im Anschluss eine Schale oder Form mit Salz befüllen, sodass der Boden bedeckt ist.

7 Abschließend die Kräuterbutter in die Schneckenhäuser füllen und die fertigen Weinbergschnecken in die vorbereitete Form auf das Salz stellen. Direkt servieren und genießen.

(BLUTWURST MIT KARTOFFELSALAT)

BOUDIN NOIR

 4 Port.

 45 Min.

 Leicht

Zutaten

700 g festkochende Kartoffeln
100 g Brunnenkresse
4 frische Blutwürste
4 Stiele Petersilie
2 rote Zwiebeln
1 Apfel
¼ Bund Schnittlauch
6 EL Olivenöl
2 EL Estragonessig
1 TL grober Senf
1 TL Honig
Salz, Pfeffer

Nährwerte p. P.

705 kcal
28 g Kohlenhydrate
56 g Fett
23 g Eiweiß

1 Zunächst die Kartoffeln schälen, waschen, in mundgerechte Stücke zerkleinern und anschließend mit einem Küchenpapier abtupfen. Danach die Zwiebeln schälen und fein hacken.

2 Nun zwei Esslöffel Öl in eine Pfanne füllen, erhitzen und die Kartoffeln bei mäßiger Hitze rundherum für drei bis vier Minuten anrösten. Anschließend die Zwiebeln dazugeben und für weitere 10 bis 15 Minuten braten. Zwischenzeitlich mit Salz und Pfeffer würzen. Währenddessen die Brunnenkresse waschen und trocken tupfen.

3 Als Nächstes drei Esslöffel Öl in ein hohes Gefäß füllen, den Essig dazugeben und zusammen mit dem Senf verquirlen. Abschließend mit Honig, Salz und Pfeffer abschmecken.

4 Nach Ende der Garzeit die Kartoffeln samt Zwiebeln in eine Schüssel füllen und direkt mit dem Öl-Essig-Gemisch übergießen. Vorsichtig vermengen und etwas ziehen lassen.

5 In der Zwischenzeit das restliche Öl in eine Pfanne füllen, erhitzen und die Boudin Noir bei mäßiger Hitze rundherum für etwa vier bis fünf Minuten braten. Währenddessen den Schnittlauch waschen, trocken tupfen und in schmale Röllchen schneiden sowie die Petersilie waschen, trocken tupfen und hacken.

6 Zum Schluss noch den Apfel waschen, das Kerngehäuse entfernen und in dünne Scheiben schneiden. Den Apfel sowie die Kresse und die Kräuter zu den Kartoffeln geben, vorsichtig untermischen und bei Bedarf nochmals mit Salz und Pfeffer abschmecken. Gleichmäßig auf vier Teller verteilen, je eine Boudin Noir daneben drapieren und direkt servieren.

(ENTRECOTE-STEAK MIT CAMEMBERT)

ENTRECOTE AU CAMEMBERT

4 Port. 45 Min. Leicht

Zutaten

Für die Äpfel:
20 g Butter
2 Äpfel
2 EL Calvados
1 TL groben Senf

Für die Steaks:
250 g Camembert
4 Entrecôte Steaks
1 Bund Gartenkresse
1 Bund rote Shiso
2 EL Olivenöl
Salz, Pfeffer

Nährwerte p. P.

680 kcal
9 g Kohlenhydrate
43 g Fett
62 g Eiweiß

1 Zunächst die Äpfel waschen, die Kerngehäuse entfernen und dann in schmale Spalten schneiden. Anschließend die Butter in eine Pfanne füllen, erhitzen und die Apfelscheiben bei mäßiger Hitze darin andünsten. Nach drei bis vier Minuten mit dem Calvados ablöschen. Zunächst aufkochen lassen und dann vom Herd nehmen und warmhalten.

2 Als Nächstes den Backofen auf 150 °C Ober- und Unterhitze vorheizen und ein Backblech mit Backpapier auslegen. Danach das Olivenöl in eine Pfanne füllen und erhitzen. Währenddessen die Steaks unter fließendem Wasser abspülen, mit einem Küchenpapier trocken tupfen und mit Salz und Pfeffer bestreuen.

3 Die Steaks in die heiße Pfanne geben und für ein bis zwei Minuten pro Seite scharf anbraten. Im Anschluss aus der Pfanne nehmen, auf das vorbereitete Backblech legen und in den Backofen schieben. Die Steaks für acht bis zehn Minuten im Ofen garen. Nach Ende der Garzeit die Steaks aus dem Ofen nehmen, stramm in Backpapier einschlagen und für ca. fünf Minuten ruhen lassen.

4 In der Zwischenzeit den Backofengrill anschalten und auf 240 °C vorheizen und den Camembert in 0,5 cm dicke Scheiben aufschneiden. Nun die Steaks aus dem Papier nehmen, erneut auf das Backblech geben und mit dem Camembert belegen. Für drei bis vier Minuten in den Backofen geben und grillen, bis der Käse leicht verlaufen und goldbraun ist.

5 Die fertig überbackenen Steaks aus dem Ofen nehmen, mit etwas grobem Pfeffer und der frischen Kresse bestreuen. Zusammen mit den geschmorten Äpfeln servieren und heiß genießen.

(HAHN IM WEIN)

COQ AU VIN

4 Port.

1 Std. 45 Min.

Leicht

Zutaten

Je 500 g Möhren und Champignons
150 g Schalotten
4 Stiele Thymian
2 Knoblauchzehen
1 Hähnchen
500 ml Rotwein
300 ml Hühnerbouillon
2 EL Olivenöl
2 EL Soßenbinder
Zucker, Salz, Pfeffer

Nährwerte p. P.

690 kcal
15 g Kohlenhydrate
32 g Fett
61 g Eiweiß

1 Zunächst das Hähnchen zerteilen (2 Brüste, 2 Ober- und 2 Unterkeulen sowie 2 Flügel). Anschließend die Möhren schälen und fein würfeln sowie die Pilze putzen und halbieren. Danach die Schalotten schälen und ebenfalls halbieren sowie den Knoblauch schälen und hacken. Abschließend noch den Thymian waschen und trocken tupfen.

2 Als Nächstes das Öl in einen Bräter füllen, erhitzen und die Hähnchenteile bei starker Hitze rundherum anbraten. Das Hähnchen aus dem Bräter nehmen, beiseitestellen und dafür die Schalotten, die Möhren sowie die Pilze in den Bräter geben und für drei bis vier Minuten anbraten.

3 Das Gemüse mit dem Wein ablöschen und dann mit der Hühnerbouillon aufgießen. Nun die Hähnchenteile zurück in den Bräter geben, etwa ¾ des Thymians samt Stiele hinzufügen und alles mit Salz und Pfeffer würzen. Den Bräter mit einem geeigneten Deckel verschließen und das Hähnchen bei mäßiger Hitze für etwa 45 bis 50 Minuten garen.

4 Nach Ende der Garzeit das Fleisch aus dem Bräter nehmen, die Soße durch ein feines Sieb abseihen und in einen kleinen Topf füllen. Bei starker Hitze unter Rühren aufkochen und dann mit etwas Soßenbinder bis zur gewünschten Konsistenz andicken. Abschließend mit Zucker, Salz und Pfeffer abschmecken.

5 Zum Servieren das Gemüse zurück in den Bräter geben, die Hähnchenteile darauf betten und mit der Soße beträufeln. Mit dem restlichen Thymian bestreuen und das fertige Coq au vin servieren.

(LAMMRÜCKEN MIT GRATINIERTEM JUNGEN GEMÜSE)

ALAIN DUCASSE

8 Port. 3 Std. Schwer

Zutaten
2 ½ kg Lammrücken (Rumpfstück aus einer Lammkarkasse von 13 kg)
500 g Netzfett
Je 500 g Mangoldblätter und Spinat
100 g Champignons
50 g Zwiebel
50 g Zucchini (Schritt 2)
30 g eingelegte Tomaten
25 g Lammleber
20 g eingelegten Knoblauch
20 g Parmesan
5 g Butter
10 Zucchiniblüten
5 dicke Bohnen
4 Spargel
4 Frühlingszwiebeln
3 Basilikumblätter
3 Möhren
2 Mairübchen
2 Zucchini (Schritt 11)
2 Artischocken
2 Zitronen
1 Knoblauchzehe
1 Fenchelknolle
1 Bund Thymianspitzen
300 ml Lammjus
150 ml Geflügelfond
Bohnenkraut, Olivenöl, Salz, Pfeffer

Nährwerte p. P.

775 kcal
22 g Kohlenhydrate
34 g Fett
91 g Eiweiß

1 Zunächst das Lamm vorbereiten. Hierfür das Fett und die Haut vom Rumpfstück entfernen und dann die Filets mit den Bauchlappen auslösen und ebenfalls das Fett entfernen. Die Bauchlappen mit Hilfe eines Fleischklopfers sehr dünn klopfen und anschließend mit dem Bohnenkraut bestreuen. Das Fleisch mit einem Küchenhandtuch abdecken, in den Kühlschrank geben und ruhen lassen.

2 Als Nächstes die Füllung zubereiten. Dafür zunächst die Zucchini waschen, die Enden abtrennen und anschließend in sehr dünne Streifen schneiden. Die Zucchinistreifen in ein Sieb geben, mit dem Salz bestreuen und gründlich vermengen. Für mindestens 60 Minuten ziehen lassen und zwischenzeitlich nochmals vermengen und leicht ausdrücken.

3 Währenddessen den Spinat sowie den Mangold waschen und trocken tupfen. Danach etwas Öl in einen Topf füllen, erhitzen und die Spinat- und Mangoldblätter bei mäßiger Hitze für drei bis vier Minuten andünsten, bis sie zusammenfallen. Mit etwas Salz bestreuen, nochmals vermengen und anschließend sofort mit kaltem Wasser abschrecken. Die Blätter nun gründlich trocken tupfen und fein hacken. Im Anschluss die Zwiebeln sowie den Knoblauch schälen und ebenfalls sehr fein hacken.

4 Erneut etwas Öl in einen Topf füllen, erhitzen und die Zwiebeln sowie den Knoblauch darin für ein bis zwei Minuten dünsten. Den gehackten Spinat sowie den Mangold dazugeben und kurz miterhitzen. Nach zwei bis drei Minuten in eine Schüssel füllen und abkühlen lassen.

5 Als Nächstes die Pilze putzen, die Stiele kürzen und dann würfeln. Die Butter in eine Pfanne füllen, erhitzen und die Pilzwürfel bei mäßiger Hitze für drei bis vier Minuten anbraten. Zwischenzeitlich umrühren sowie mit etwas Zitronensaft beträufeln. Die Pilze zum Zwiebel-Knoblauch-Mix in die Schüssel füllen.

6 Jetzt das Netzfett in eine Schüssel geben, mit warmem Wasser aufgießen und einweichen lassen.

7 Nun die Lammleber unter fließendem Wasser abspülen, mit einem Küchenpapier trocken tupfen und dann fein hacken. Im Anschluss die Zucchiniblüten zupfen (hierbei die Blütenstempel entfernen) und zusammen mit dem Basilikum in dünne Streifen schneiden. Sowohl die Leber als auch die Zucchiniblüten und das Basilikum zum Spinat-Pilz-Mix in die Schüssel füllen.

8 Abschließend 10 ml Olivenöl sowie 10 g Parmesan hinzufügen und alles gründlich miteinander vermischen. Abschließend die Masse mit Salz und Pfeffer würzen.

9 Nun das Netzfett aus dem warmen Wasser nehmen und mehrfach auswaschen. Anschließend gründlich trocken tupfen. Danach die Lammfilets aus dem Kühlschrank nehmen, in vier Stücke zerteilen und mit Salz und Pfeffer bestreuen.

10 Die Lammfilets nun mit der Spinat-Pilz-Leber-Füllung bestreichen und im Anschluss mit dem Bauchlappen aufrollen. Mit einem Stück Netzfett stramm umwickeln und dann fest zubinden. Die gefüllten Lammfilets bis zur weiteren Verwendung in den Kühlschrank geben.

11 Als Nächstes die dicken Bohnen sowie die Möhren und die Mairübchen schälen. Die Möhren in sehr dünne Scheiben schneiden und die Mairüben in Viertel zerteilen.

12 Danach die Zucchini waschen, die Enden abtrennen und in schmale Streifen schneiden sowie den Fenchel putzen, halbieren und dann schräg in sechs Teile teilen. Den Fenchel in eine Schüssel legen, mit kaltem Wasser aufgießen und ruhen lassen.

13 Nun die Artischocken tournieren und ebenfalls in sechs Teile schneiden. Die Artischocken in eine zweite Schüssel füllen, mit kaltem Wasser aufgießen und Zitronensaft dazugeben. Gründlich umrühren und dann ruhen lassen. Danach den Spargel schälen, die holzigen Enden abtrennen und die Stangen dann schräg in Drittel schneiden.

14 Einen Topf mit Wasser befüllen, aufkochen lassen und den Spargel für ca. vier bis fünf Minuten darin garen. Anschließend aus dem Topf nehmen und mit kaltem Wasser abschrecken. Etwas Olivenöl in eine Pfanne füllen und erhitzen.

15 In der Zwischenzeit die Frühlingszwiebeln putzen, in Ringe zerkleinern und dann im heißen Öl rundherum für ein bis zwei Minuten anschwitzen. Danach mit 50 ml Geflügelfond ablöschen, die Pfanne mit einem Deckel verschließen und die Frühlingszwiebeln für ca. fünf Minuten sanft köcheln lassen. Nach Ende der Kochzeit die Frühlingszwiebeln vom Herd nehmen und abkühlen lassen.

16 Als Nächstes 20 ml Olivenöl in eine Pfanne füllen und erhitzen. Die Artischocken sowie den Fenchel abgießen und zusammen mit den Möhren in die Pfanne geben. Mit einem Deckel verschließen und das Gemüse bei mäßiger Hitze für ca. vier Minuten anschwitzen. Zwischenzeitlich umrühren

17 Nun die Mairübchen dazugeben und für weitere zwei Minuten mit andünsten. Zum Schluss noch die Zucchinistreifen hinzufügen, die Hitze reduzieren und alles zusammen nochmals für zwei bis drei Minuten garen.

18 Das Gemüse mit 50 ml Geflügelfond sowie 50 ml Lammjus aufgießen und für ca. zehn Minuten sanft köcheln lassen. Nach Ende der Kochzeit die Frühlingszwiebeln, die dicken Bohnen sowie den Spargel dazugeben. Den eingelegten Knoblauch sowie die eingelegten Tomaten abgießen und mit in die Pfanne geben. Zum Schluss noch den Thymian waschen, trocken tupfen, hacken und über das Gemüse streuen. Mit dem restlichen Fond sowie der restlichen Lammjus aufgießen, bei mäßiger Hitze nochmals fünf bis zehn Minuten garen.

19 Nun den Backofen auf 200 °C Ober- und Unterhitze vorheizen, ein Backblech mit Backpapier auslegen und dann etwas Öl in eine große Pfanne füllen und erhitzen. Die Lammfilets aus dem Kühlschrank nehmen, in das heiße Öl geben und bei starker Hitze rundherum scharf anbraten.

20 Die Lammfilets anschließend auf das vorbereitete Backblech legen und in den Ofen schieben. Für ca. zehn bis zwölf Minuten im Ofen garen. Nach Ende der Garzeit die Lammfilets aus dem Ofen nehmen, in Alufolie einschlagen und für etwa zehn Minuten ruhen lassen.

21 In der Zwischenzeit das Gemüse in vier kleinen Auflaufform anrichten, mit etwas Gemüsejus übergießen und anschließend mit dem Parmesan bestreuen. Die Formen in den Ofen schieben, die Grillfunktion anschalten und das Gemüse für sieben bis zehn Minuten überbacken. Nach Ende der Backzeit die Formen aus dem Ofen nehmen und gleichmäßig auf acht Teller verteilen.

22 Zum Anrichten die Filets aus der Alufolie nehmen, jeweils halbieren und neben dem Gemüse anrichten. Mit etwas Lammjus beträufeln und dann das fertige Alain Ducasse servieren und genießen.

(POULARDENBRUST MIT FENCHELSALAT)

POITINE DE POULARD A SALADE DE FENOUIL

 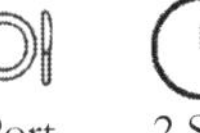 

4 Port. 2 Std. Leicht

Zutaten

4 Maispoulardenbrust
2 Knoblauchzehen
80 ml Olivenöl
Je 1 EL Senf, Honig und Aceto Balsamico
1 TL fermentierter Pfeffer
1 TL Speisestärke
Salz

Für den Salat:
400 g Fenchel
2 Orangen
3 EL Olivenöl
3 EL Dijon Senf
1 EL Apfelessig
1 TL brauner Zucker
1 TL Salz
Etwas Zucker

Nährwerte p. P.

644 kcal
16 g Kohlenhydrate
39 g Fett
55 g Eiweiß

1 Zunächst den Fenchel waschen, den Strunk heraustrennen und etwas Grün für die spätere Dekoration beiseitestellen. Die restliche Knolle mit Hilfe einer Reibe fein hobeln, in eine Schüssel füllen und mit Salz und etwas Zucker vermischen. Gründlich durchkneten und im Anschluss etwas ziehen lassen.

2 Anschließend die Orangen mit heißem Wasser abwaschen, trockenreiben und die Schale in Form von Zesten abschneiden. Danach die Orangen halbieren, die Filets herausschneiden und den Saft aus dem restlichen Fruchtfleisch pressen. Den Orangensaft in ein hohes Gefäß füllen, mit dem Olivenöl und dem Apfelessig aufgießen und dann mit dem Senf und dem braunen Zucker verrühren.

3 Als Nächstes die Maispoularde unter fließendem Wasser abspülen und mit einem Küchentuch trockentupfen. Danach den Knoblauch schälen, fein hacken und in eine große Schüssel füllen. Das Olivenöl sowie den Aceto Balsamico dazugießen und mit dem Honig sowie dem Senf verrühren.

4 Abschließend die Speisestärke, etwas Salz und den fermentierten Pfeffer hinzufügen und ausgiebig einrühren. Die Maispoularden mit in die Schüssel geben und gründlich mit der Marinade vermengen. Die Schüssel abdecken und das Fleisch für etwa 60 Minuten im Kühlschrank ziehen lassen. In der Zwischenzeit den Backofen auf 140 °C Umluft vorheizen.

5 Nach Ende der Ziehzeit die Maispoularden aus dem Kühlschrank nehmen. Etwas Öl in eine Pfanne geben und die marinierten Maispoularden bei starker Hitze für ca. zwei bis vier Minuten rundherum scharf anbraten. Anschließend das Fleisch aus der Pfanne nehmen, in eine geeignete Form legen und im Backofen für etwa 15 bis 20 Minuten garen.

6 Nach Ende der Garzeit die Grillfunktion im Backofen einschalten, die Maispoularden mit der Hautseite nach oben liegend für ca. zwei bis drei Minuten grillen.

7 Währenddessen den Fenchel auf vier Tellern anrichten, die Orangenfilets darauf drapieren und mit der Vinaigrette beträufeln. Anschließend die Maispoularden daneben drapieren und das fertige Gericht direkt servieren und genießen.

(WILDTERRINE MIT GEFLÜGELLEBER)

TERRINE SAUVAGE AU FOIE DE VOLAILLE

12 Port.

2 Std.

Leicht

Zutaten

800 g Wildgulasch
300 g Speck
200 g Geflügelleber
100 g Champignons
50 g Pistazienkerne
1 Zwiebel
1 Apfel
1 Ei
2 EL Calvados
1 EL Butter
1 EL Speisestärke
1 TL Kräuter der Provence
Salz, Pfeffer

Nährwerte p. P.

350 kcal
3 g Kohlenhydrate
27 g Fett
20 g Eiweiß

1 Zunächst die Zwiebeln schälen und sehr fein hacken. Anschließend die Pilze putzen und in Viertel teilen. Nun die Butter in eine Pfanne füllen, erhitzen und die Zwiebeln zusammen mit den Pilzen darin bei mäßiger Hitze anschwitzen.

2 Nach zwei bis vier Minuten das Gemüse aus der Pfanne nehmen und abkühlen lassen. In der Zwischenzeit den Backofen 175 °C Umluft vorheizen und eine Terrinenform mit etwa 200 g Speck auslegen.

3 Als Nächstes das Fleisch und die Leber unter fließendem Wasser abspülen, mit einem Küchentuch trockentupfen und dann durch einen Fleischwolf drehen. Abschließend noch einen Apfel schälen, das Kerngehäuse entfernen und ebenfalls durch den Fleischwolf drehen.

4 Die Masse in eine Schüssel füllen, mit dem Zwiebel-Pilz-Mix vermischen und anschließend mit dem Ei, der Stärke, den Pistazien, dem Calvados sowie den Kräutern vermengen und mit Salz und Pfeffer würzen. Nun die Masse auf den Speck in die Form geben, glattstreichen und mit dem restlichen Speck belegen.

5 Die befüllte Terrine im Wasserbad für ca. 80 bis 90 Minuten im Ofen backen. Nach Ende der Backzeit die Terrine aus dem Ofen nehmen, mit Alufolie abdecken und mit einem Brett beschweren. Nun über Nacht ruhen lassen.

6 Am nächsten Tag den Backofen auf 180 °C vorheizen und die Wildterrine nochmals kurz erhitzen. Anschließend den ausgetretenen Saft abgießen und die Wildterrine mit Geflügelleber direkt servieren und genießen.

(RÜBEN BOURGUIGNON MIT HÄHNCHEN)

BEET BOURGUIGNON AU POULET

4 Port.

45 Min.

Leicht

Zutaten

500 g kleine Rote und Bunte Bete
Je 300 g Möhren und Pastinaken
250 g rosa Champignons
10 Schalotten
1 Petersilienwurzel
Hähnchenbrüste (ca. 240 g)
4 Knoblauchzehen
½ Bund Petersilie
500 ml Rotwein
4 EL Olivenöl
3 EL Tomatenmark
3 TL Aceto Balsamico
Salz, Pfeffer

Nährwerte p. P.

537 kcal
43 g Kohlenhydrate
18 g Fett
22 g Eiweiß

1 Zunächst drei Knoblauchzehen sowie fünf Schalotten schälen. Den Knoblauch hacken und die Schalotten halbieren. Danach die Möhren, die Petersilienwurzel sowie die Pastinaken schälen und in mundgerechte Stücke schneiden. Anschließend die Rote und die Bunte Bete schälen und jeweils in kleine Würfel zerteilen.

2 Als Nächstes drei Esslöffel Öl in einen großen Topf oder Bräter füllen, erhitzen und die Schalotten zusammen mit dem Wurzelgemüse darin bei mäßiger Hitze anschwitzen. Nach etwa acht bis zehn Minuten den Knoblauch hinzufügen und für ein bis zwei Minuten mit andünsten. Nun das Tomatenmark einrühren, mit anschwitzen und dann mit dem Rotwein ablöschen. Zum Schluss noch mit Salz und Pfeffer würzen.

3 Nun das Hähnchenfleisch unter fließendem Wasser gründlich abspülen und mit einem Küchenpapier trocken tupfen. Etwas Öl in eine Pfanne füllen, erhitzen und die Hähnchenbrust darin bei mäßiger Hitze für je drei bis fünf Minuten pro Seite anbraten. Zwischenzeitlich mit Salz und Pfeffer bestreuen. Nach Ende der Garzeit das Fleisch aus der Pfanne nehmen und warmhalten.

4 Danach die restlichen Schalotten schälen und in sehr feine Ringe aufschneiden sowie den restlichen Knoblauch schälen und fein hacken. Im Anschluss die Pilze putzen und in Viertel schneiden. Nun ein Esslöffel Öl in die bereits benutzte Pfanne füllen, heiß werden lassen und Zwiebeln zusammen mit den Pilzen darin bei mäßiger Hitze anbraten. Nach etwa fünf Minuten den Knoblauch dazugeben, mit anschwitzen und mit Salz und Pfeffer würzen. Zum Schluss noch die Petersilie waschen, trocken tupfen und hacken.

5 Nun je eine Hähnchenbrust auf einen Teller geben, mit etwas Aceto Balsamico beträufeln und dann mit dem Schalotten-Pilz-Mix toppen. Das restliche Gemüse daneben anrichten und abschließend mit der gehackten Petersilie bestreuen. Direkt servieren und warm genießen.

(KALBSSCHNITZEL MIT BRUNNENKRESSESALAT)

ESCALOPE DE VEAU AVEC SALADE DE CRESSON

4 Port. 1 Std. Leicht

Zutaten

Für den Salat:
400 g Brunnenkresse
1 Schalotte
4 EL Olivenöl
3 EL Rotweinessig
2 EL schwarzer Johannisbeerlikör
Salz, Pfeffer

Für das Schnitzel:
200 g rosa Champignons
200 g Crème fraîche
40 g Zucker
20 g Butter
4 Kalbsschnitzel
4 Stiele Petersilie
3 Schalotten
1 Apfel
4 EL Calvados
2 EL Butterschmalz
1 EL Mehl
Salz, Pfeffer

Nährwerte p. P.

636 kcal
24 g Kohlenhydrate
40 g Fett
36 g Eiweiß

1 Zunächst den Salat vorbereiten. Hierfür die Brunnenkresse waschen, trocken tupfen und im Kühlschrank zwischenlagern. Anschließend die Schalotte schälen, hacken und in eine Schüssel füllen. Den Johannisbeerlikör, das Öl und den Essig hinzufügen, mit Salz und Pfeffer würzen und gründlich verrühren.

2 Als Nächstes die Schnitzel zubereiten. Hierfür die Schalotten schälen und in sehr dünne Ringe schneiden sowie die Pilze putzen und in Viertel teilen. Danach die Petersilie waschen, trocken tupfen und hacken.

3 Nun 1,5 Esslöffel Butterschmalz in eine große Pfanne geben, erhitzen und die Schalotten darin bei mäßiger Hitze anschwitzen. Nach etwa fünf Minuten die Pilze dazugeben und bei starker Hitze für drei bis vier Minuten braten. Zwischenzeitlich wenden und dann alles aus der Pfanne nehmen und beiseitestellen

4 Das restliche Schmalz in die Pfanne füllen und heiß werden lassen. Währenddessen die Schnitzel waschen, mit einem Küchenpapier trocken tupfen und mit Salz und Pfeffer bestreuen. Anschließend das Fleisch kurz in etwas Mehl wenden, dann in das heiße Fett geben und darin bei mäßiger Hitze von beiden Seiten je eine Minute anbraten.

5 Das Fleisch mit dem Calvados ablöschen, kurz bei starker Hitze einreduzieren lassen und dann mit 50 ml Wasser aufgießen sowie die Crème fraîche einrühren. Den Schalotten-Pilz-Mix dazugeben und die Petersilie hinzufügen. Alles zusammen bei mäßiger Hitze aufkochen lassen und mit Salz und Pfeffer abschmecken.

6 Währenddessen den Apfel waschen, das Kerngehäuse entfernen und in dünne Scheiben aufschneiden. Nun den Zucker in eine Pfanne füllen und erhitzen. Sobald der Zucker zu schmelzen beginnt, die Apfelscheiben zusammen mit der Butter mit in die Pfanne geben. Unter Rühren für etwa vier Minuten dünsten.

7 Zum Anrichten die Kresse aus dem Kühlschrank nehmen, auf vier Teller verteilen und jeweils mit etwas Vinaigrette beträufeln. Die Kalbsschnitzel samt Gemüse neben dem Salat anrichten und die karamellisierten Äpfel daneben drapieren. Direkt servieren und heiß genießen.

(EINTOPF MIT HÄHNCHEN UND SCHWEIN)

CASSOULET AU POULET ET AU PORC

8 Port.

3 Std. 15 Min.

Mittel

Zutaten

600 g Schweinenacken
500 g Knollensellerie
300 g Bundmöhren
350 g Zwiebeln
20 g Butter
10 Zweige Thymian
4 Hähnchenkeulen
4 Lorbeerblätter
2 Knoblauchzehen
1 Dose geschälte Tomaten
1 Dose weiße Bohnen
600 ml Geflügelfond
200 ml trockener Weißwein
3 EL Öl
2 TL Cayennepfeffer
Salz

Für die Kruste:
120 g Semmelbrösel
20 g Butter
2 Stiele Petersilie

Nährwerte p. P.

517 kcal
30 g Kohlenhydrate
25 g Fett
36 g Eiweiß

1 Zunächst den Schweinenacken in drei Stücke je 40 g zerteilen und die Hähnchenkeulen am Gelenk durchtrennen. Nun einen Teelöffel Salz mit zwei Teelöffel Cayennepfeffer vermischen und die Hähnchenkeulen sowie den Schweinenacken damit bestreuen. Ein Backblech mit Backpapier auslegen und das Fleisch darauflegen.

2 Als Nächstes den Backofen auf 200 °C Ober- und Unterhitze vorheizen. Nun die Möhren schälen und in 1 bis 2 cm dicke Scheiben aufschneiden sowie den Sellerie putzen und würfeln. Anschließend die Zwiebeln sowie den Knoblauch schälen. Die Zwiebeln hacken und den Knoblauch in Scheiben aufschneiden. Zum Schluss noch den Thymian waschen, trocken tupfen und hacken.

3 Nun das Öl und die Butter in eine große Pfanne oder Bräter füllen, erhitzen und die Hähnchenkeulen darin für ca. zwei bis drei Minuten rundherum scharf anbraten. Die Hähnchenkeulen aus dem Bräter nehmen, zurück auf das Backblech geben und im Anschluss den Schweinenacken in den Bräter füllen und ebenfalls kräftig anbraten.

4 Nach zwei bis drei Minuten die Zwiebeln sowie den Knoblauch hinzufügen und kurz mit andünsten. Nach ca. fünf Minuten den Thymian und die Lorbeerblätter mit zum Fleisch geben. Danach mit dem Wein sowie 250 ml Fond aufgießen und den Bräter mit einem Deckel verschließen. Den Bräter in den Ofen schieben und für etwa 60 Minuten garen.

5 Nach Ende der Garzeit die geschälten Tomaten sowie die Möhren und den Sellerie hinzugeben und etwas einrühren. Nochmals in den Ofen schieben und für weitere 30 Minuten garen.

6 Nach Ablauf der Garzeit den Bräter erneut aus dem Backofen nehmen, die Hähnchenkeulen mit hineingeben sowie mit dem restlichen Fond aufgießen. Den Bräter verschließen und erneut für 30 Minuten im Ofen garen.

7 Währenddessen die Bohnen in ein Sieb abkippen, mit Wasser durchwaschen und abtropfen lassen. Im Anschluss den Bräter aus dem Ofen nehmen, die Bohnen sowie die Hälfte der Semmelbrösel über das Fleisch geben und den Bräter nochmals für 20 Minuten in den Ofen geben.

8 In der Zwischenzeit die restlichen Semmelbrösel in eine Schüssel geben, mit der Butter vermischen und nach Ende der Garzeit auf dem Gemüse-Fleisch-Mix im Bräter verteilen. Für etwa 20 bis 25 Minuten im Ofen überbacken.

9 Zwischenzeitlich die Petersilie waschen, trocken tupfen und hacken. Die fertige Cassoulet mit Hähnchen und Schwein aus dem Ofen nehmen, mit der Petersilie bestreuen und direkt servieren.

(KANINCHEN CASSOULET)

CASSOULET DE LAPINS

8 Port. 2 Std. Mittel

Zutaten

500 g Kastenweißbrot
400 g Möhren
350 g durchwachsener Speck
300 g Zwiebeln
100 g Porree
6 Kaninchenkeulen
3 Knoblauchzehen
2 Stangen Staudensellerie
1 Dose weiße Bohnen
1 Dose Tomaten
½ Bund Bohnenkraut
850 ml Kalbsfond
9 EL Schmalz
Salz, Pfeffer

Nährwerte p. P.

783 kcal
48 g Kohlenhydrate
34 g Fett
69 g Eiweiß

1 Zunächst die Kaninchenkeulen waschen, mit einem Küchentuch trocken tupfen und mit Salz und Pfeffer bestreuen. Danach ein Esslöffel Schmalz in eine große Pfanne füllen, erhitzen und die Keulen bei starker Hitze rundherum für sieben bis zehn Minuten anbraten. In der Zwischenzeit den Backofen auf 180 °C Ober- und Unterhitze vorheizen und ein tiefes Backblech mit Backpapier auslegen.

2 Die angebratenen Kaninchenkeulen nun auf das vorbereitete Backblech legen und den Speck ebenfalls darauf platzieren. Nun 400 ml Kalbsfond in die eben benutzte Pfanne gießen, aufkochen und den Röstansatz somit vom Pfannenboden lösen. Den Fond über die Kaninchenkeulen gießen, das Blech in den Ofen schieben und für etwa 40 Minuten garen. Zwischenzeitlich das Fleisch mit etwas Fond vom Blech übergießen.

3 Währenddessen die Zwiebeln schälen, in zwei Hälften teilen und in schmale Streifen schneiden. Danach den Knoblauch schälen und hacken sowie die Möhren schälen, der Länge nach aufschneiden und in dicke Scheiben zerteilen. Nun den Sellerie putzen und in Würfel schneiden sowie den Porree putzen und sowohl den weißen als auch den hellgrünen Teil würfeln.

4 Als Nächstes ein Esslöffel Schmalz in einen großen Topf füllen, erhitzen und die Zwiebeln zusammen mit dem Porree bei mäßiger Hitze darin andünsten. Nach zwei bis drei Minuten die Möhren, den Sellerie sowie den Knoblauch hinzufügen. Kurz mit anschwitzen und im Anschluss mit dem restlichen Kalbsfond aufgießen. Zunächst einmal aufkochen lassen und dann bei mäßiger Hitze für ca. zehn Minuten sanft köcheln lassen.

5 Währenddessen die geschälten Tomaten in ein Sieb abkippen, abtropfen lassen und dann grob hacken. Danach die weißen Bohnen ebenfalls in ein Sieb abkippen, mit kaltem Wasser durchwaschen und dann abtropfen lassen. Sowohl die Bohnen als auch die Tomaten zum restlichen Gemüse in den Topf füllen. Das Bohnenkraut sowie den Thymian waschen, trocken tupfen, hacken und anschließend unter das Gemüse heben. Zum Schluss alles mit Salz und Pfeffer würzen.

6 Nach Ende der Garzeit die Kaninchenkeulen und den Speck aus dem Ofen nehmen. Vorsichtig den Sud vom Backblech zum Gemüse in den Topf gießen. Nun die Schwarte vom Speck entfernen und dann in 1 cm dicke Scheiben schneiden.

7 Etwa ? des Gemüses in einen Bräter füllen, mit den Speckscheiben belegen und mit den Kaninchenkeulen toppen und abschließend mit dem restlichen Gemüse bedecken.

8 Das restliche Schmalz in eine Pfanne geben und erhitzen. Anschließend das Weißbrot entrinden, in Würfel schneiden und im heißen Schmalz anrösten. Danach über das Gemüse streuen und nochmals für etwa 45 Minuten im Ofen garen.

9 Nach Ablauf der 45 Minuten die Temperatur auf 200 °C erhöhen und nochmals für zehn Minuten backen. Den Bräter anschließend aus dem Ofen nehmen und für etwa zehn Minuten ruhen lassen. Erst danach die Kaninchen-Cassoulet auf acht tiefe Teller verteilen und noch warm servieren und genießen.

(FRANZÖSISCHES RINDERGULASCH)

RAGOÛT DE BOEUF

 5 Port.  3,5 Std.  Leicht

Zutaten

900 g Rindfleisch
30 g getrocknete Steinpilze
3 Schalotten
3 Lorbeerblätter
1 Orange
400 ml Rinderfond
250 ml Rotwein
100 ml Cognac
3 EL Olivenöl
Je 2 TL Thymian und Rosmarin
½ TL Pfeffer

Nährwerte p. P.

483 kcal
7 g Kohlenhydrate
23 g Fett
40 g Eiweiß

1 Zunächst das Rindfleisch unter fließendem Wasser abspülen, mit einem Küchentuch trocken tupfen und in kleine Stücke schneiden. Danach die Schalotten schälen und hacken sowie die getrockneten Pilze zerkleinern. Anschließend die Orange halbieren und den Saft auspressen.

2 Als Nächstes das Olivenöl in eine (Schmor-)Pfanne füllen, erhitzen und die Schalotten bei mäßiger Hitze für ein bis zwei Minuten darin anschwitzen. Danach das Fleisch dazugeben und bei starker Hitze anbraten. Nach drei bis vier Minuten mit dem Cognac ablöschen und den Rotwein dazugießen.

3 Nun den Thymian sowie den Rosmarin und die Lorbeerblätter untermischen und mit Pfeffer würzen. Kurz aufkochen lassen, dann mit dem Rinderfond aufgießen und nochmals umrühren. Die Pfanne mit einem Deckel abdecken und das Fleisch bei schwacher Hitze für ca. 90 Minuten schmoren lassen.

4 Nach Ende der Schmorzeit die Steinpilze unterheben und den Orangensaft dazugießen. Den Deckel erneut auf die Pfanne legen und nochmals 90 Minuten sanft köcheln lassen. Zwischenzeitlich umrühren.

5 Das fertige Rindergulasch auf fünf tiefe Teller verteilen und noch heiß servieren und genießen.

(SCHMORFLEISCH)

LE BROUFADO

4 Port.

17 Std.

Leicht

Zutaten

1 kg Rindfleisch
300 g Zwiebeln
6 Anchovis
4 Knoblauchzehen
½ Bund Petersilie
100 ml Rotwein
4 EL Olivenöl
3 EL Kapern
3 EL Sherryessig
1 EL Butter
1 EL Mehl
Je 1 TL Pimentkörner und Pfefferkörner
Salz

Nährwerte p. P.

551 kcal
11 g Kohlenhydrate
29 g Fett
57 g Eiweiß

1 Zunächst das Fleisch unter fließendem Wasser abspülen, mit einem Küchentuch trocken tupfen und dann in 1 cm breite Scheiben aufschneiden.

2 Als Nächstes die Pfeffer- und Pimentkörner in einen Mörser füllen und zerstoßen. In ein hohes Gefäß füllen und dann mit dem Olivenöl sowie dem Sherryessig aufgießen. Gründlich verquirlen und mit etwas Salz abschmecken.

3 Nun das vorbereitete Fleisch mit der Marinade übergießen, gründlich vermengen und anschließend mit Frischhaltefolie bedecken. Über Nacht oder mindestens für zwölf Stunden in den Kühlschrank geben und ziehen lassen.

4 Nach Ende der Ziehzeit das Fleisch aus dem Kühlschrank nehmen und für etwa eine Stunde bei Zimmertemperatur ruhen lassen. Im Anschluss einen Römertopf in ein Wasserbad stellen und dort ziehen lassen.

5 In der Zwischenzeit die Butter in eine Schüssel geben, das Mehl hinzufügen und zu einer Art Teig verkneten. Bis zur weiteren Verwendung im Kühlschrank zwischenlagern.

6 Währenddessen die Petersilie waschen, trocken tupfen und hacken. Danach den Knoblauch schälen und sehr fein würfeln sowie die Anchovis zerdrücken. Die Kapern hinzugeben, alles vermischen und zusammen nochmals grob hacken.

7 Nun den Römertopf aus dem Wasser nehmen und im Wechsel das Fleisch, die Zwiebeln und die Petersilien-Kapern-Paste hineinschichten, bis alle Zutaten verbraucht sind. Mit dem Rotwein aufgießen, den Topf mit einem Deckel verschließen und dann in den Ofen schieben. Bei 150 °C Umluft für ca. vier Stunden schmoren lassen.

8 Kurz vor Ende der Schmorzeit stückchenweise die Mehl-Butter einrühren, um die Soße bis zur gewünschten Konsistenz zu binden. Den Topf nochmals in den Ofen schieben und das Fleisch zu Ende garen.

9 Das fertige Le Broufado aus dem Ofen nehmen und auf vier tiefe Teller verteilen. Direkt servieren und heiß genießen.

(KÖNIGSPASTETEN MIT KALBSBRIES)

BOUCHEES A LA REINE, RIS DE VEAU ET MORILLES

4 Port.

30 Min.

Leicht

Zutaten

400 g Kalbsbries
50 g Crème fraîche
20 g getrocknete Morcheln
4 Blätterteig-Pastetchen
1 Schalotte
150 ml Morchel-Einweichwasser
100 ml Weißwein
75 ml Kalbsfond
1 Schuss Essig
Butter, Mehl
Salz, Pfeffer

Nährwerte p. P.

429 kcal
19 g Kohlenhydrate
27 g Fett
23 g Eiweiß

1 Zunächst das Kalbsbries in eine Schüssel füllen, mit kaltem Wasser aufgießen und für ca. eine Stunde einweichen lassen. Nach Ablauf der Einweichzeit den Vorgang nochmals mit frischem Wasser wiederholen. Zeitgleich die Morcheln in eine Schüssel füllen, mit warmem Wasser begießen und ebenfalls einweichen lassen.

2 Als Nächstes einen Topf mit Wasser befüllen, einen Schuss Essig hinzufügen und aufkochen lassen. Nun das Kalbsbries in das kochende Wasser geben und für ca. fünf Minuten garen. Im Anschluss abgießen, etwas abkühlen lassen und dann die Häute vorsichtig abziehen. Das Bries in kleine Röschen zerteilen und mit einem Küchentuch trocken tupfen.

3 Danach die Morcheln durch einen Kaffeefilter abseihen und hierbei das Wasser auffangen. Große Morcheln bei Bedarf halbieren.

4 Nun etwas Butter in eine Pfanne geben und erhitzen. Währenddessen das Kalbsbries mit etwas Mehl bestäuben. Das vorbereitete Kalbsbries in die Pfanne geben und im heißen Fett bei mäßiger Hitze rundherum für etwa fünf bis sieben Minuten braten. Zwischenzeitlich mit Salz und Pfeffer würzen. Das gebratene Kalbsbries aus der Pfanne nehmen, auf einen Teller füllen und beiseitestellen.

5 Nochmals 10 g Butter in die bereits benutzte Pfanne füllen, schmelzen lassen und dann 10 g Mehl dazugeben. Kräftig verrühren und kurz anschwitzen. Anschließend mit dem Weißwein und dem Kalbsfond ablöschen. Danach mit dem Einweichwasser der Morcheln aufgießen und alles zusammen aufkochen lassen. Im Anschluss bei mäßiger Hitze und unter Rühren etwas einreduzieren.

6 In der Zwischenzeit die Schalotte schälen und fein hacken. Nun etwas Butter in einen Topf füllen, erhitzen und dann die Schalotte bei mäßiger Hitze für ein bis zwei Minuten darin anschwitzen.

7 Anschließend die Morcheln dazugeben und für weitere drei bis fünf Minuten mit anbraten. Nun den einreduzierten Soßenansatz dazugießen und die Crème fraîche untermischen. Bei schwacher Hitze sanft köcheln lassen und währenddessen das Kalbsbries unterheben. Den Topf mit einem Deckel verschließen und alles zusammen für 10 bis 15 Minuten erhitzen.

8 Währenddessen den Backofen auf 160 °C Ober- und Unterhitze vorheizen und ein Backblech mit Backpapier auslegen. Die Blätterteigpasteten auf das vorbereitete Blech legen und im Ofen für etwa sieben bis acht Minuten goldbraun ausbacken.

9 Zum Anrichten die Pastetchen aus dem Ofen nehmen und direkt mit dem fertigen Kalbsragout befüllen. Das fertige Bouchées à la reine, ris de veau et morilles servieren und warm genießen.

(ARTISCHOCKEN GEFÜLLT MIT WURSTBRÄT)

ARTICHAUTS FARCIS

4 Port.

1 Std. 15 Min.

Leicht

Zutaten

200 g Wurstbrät
50 g Brot
6 große Artischockenböden aus der Dose
6 Kirschtomaten
1 Schalotte
1 Ei
50 ml Weißwein
50 ml Milch
1 EL Schnittlauch
Salz, Pfeffer

Nährwerte p. P.

300 kcal
14 g Kohlenhydrate
16 g Fett
13 g Eiweiß

1 Zunächst den Backofen aus 200 °C Ober- und Unterhitze vorheizen. Anschließend das Brot in kleine Würfel schneiden, in eine Schüssel füllen und mit der Milch aufgießen. Kurz einweichen lassen und dann kräftig ausdrücken.

2 Die Brotmasse zurück in die Schüssel geben, das Wurstbrät hinzufügen sowie das Ei dazugeben. Den Schnittlauch zur Masse geben und alles gründlich vermengen. Währenddessen mit Salz und Pfeffer würzen.

3 Nun die Artischocken abgießen, abtropfen lassen und im Anschluss mit der Brät-Masse befüllen. Die gefüllten Artischocken nebeneinander in einen Bräter legen.

4 Als Nächstes die Schalotte schälen und fein hacken sowie die Tomaten waschen, die Stielansätze entfernen und dann in Viertel schneiden. Das Gemüse über den Artischocken verteilen und dann den Wein dazugießen. Mit Salz und Pfeffer bestreuen, den Bräter verschließen und für ca. 45 Minuten im Ofen garen.

5 Nach Ende der Garzeit den Bräter aus dem Ofen nehmen, öffnen und je eine Artischocke auf einen Teller geben. Mit dem Tomaten-Zwiebel-Mix toppen und direkt servieren und genießen.

(LAMMKOTELETTS MIT GEMÜSE AUF ROSMARINSPIEGEL)

AGNEAU AUX LEGUMES ET POMMES DE TERRE AU ROMARIN

2 Port.

2,5 Std.

Mittel

Zutaten

100 g Brokkoli
4 Lammkoteletts
4 Möhren
2 Zweige Rosmarin
2 Salbeiblätter
2 Zwiebeln
1 Zitrone
1 frische Rote Bete
1 Handvoll frische Petersilie
200 ml Sahne
100 ml trockener Weißwein
100 ml Öl
50 ml Olivenöl
3 TL Butter
Je 1 Prise Fenchelsamenpulver und Koriandersamenpulver

Nährwerte p. P.

973 kcal
29 g Kohlenhydrate
67 g Fett
49 g Eiweiß

1 Zunächst die Kräuter waschen und trocken tupfen. Den Rosmarin fein hacken. Anschließend die Zwiebeln schälen und sehr fein würfeln sowie die Zitrone halbieren und den Saft herauspressen. Anschließend die Rote Bete und die Möhren schälen und mit Hilfe einer Reibe in schmale Streifen hobeln. Zum Schluss noch den Brokkoli waschen und in kleine Röschen zerteilen.

2 Als Nächstes das Olivenöl in ein hohes Gefäß gießen, den Rosmarin hinzugeben und mit Salz und Pfeffer würzen. Gründlich verquirlen. Nun die Lammkoteletts unter fließendem Wasser abspülen, mit einem Küchentuch trocken tupfen und dann in eine große Schüssel füllen. Mit der Rosmarin-Marinade begießen, gründlich vermengen und für zwei Stunden bei Zimmertemperatur ziehen lassen. Nach Ende der Ziehzeit das Fleisch aus der Schüssel nehmen und überschüssige Marinade abstreifen.

3 Nun das Pflanzenöl in einen großen Topf füllen, erhitzen und die vorbereiteten Bete- und Möhrenstreifen darin portionsweise für etwa drei bis vier Minuten frittieren. Anschließend auf einen mit Küchenpapier ausgelegten Teller geben und abtropfen lassen.

4 Danach die Hitze etwas reduzieren und die Salbeiblätter und Petersilie im heißen Fett für fünf bis zehn Sekunden frittieren.

5 Ebenfalls auf einen Teller mit Küchenpapier legen und direkt mit Zimt, Muskatnuss sowie Fenchel- und Koriandersamenpulver bestreuen. Das Gemüse und die Blättchen auf ein mit Backpapier ausgelegtes Backblech legen und im Ofen bei etwa 75 °C Umluft warmhalten.

6 Als Nächstes ein Teelöffel Butter in einen weiteren Topf füllen, erhitzen und die Zwiebeln darin anschwitzen. Nach ein bis zwei Minuten mit dem Zitronensaft beträufeln sowie mit dem Weißwein ablöschen. Die Sahne unterziehen und bei schwacher bis mäßiger Hitze auf etwa ⅓ einkochen. Abschließend mit Salz und Pfeffer würzen.

7 In der Zwischenzeit einen Topf mit Wasser befüllen, salzen und aufkochen lassen. Die vorbereiteten Brokkoliröschen darin für etwa fünf Minuten blanchieren. Anschließend den Brokkoli aus dem Wasser nehmen und mit kaltem Wasser abschrecken.

8 Als Nächstes zwei Teelöffel Butter in eine Pfanne füllen, erhitzen und die marinierten Lammkoteletts bei mäßiger Hitze für fünf bis sechs Minuten pro Seite braten. Die fertige Lammkoteletts auf zwei Teller verteilen, das Gemüse daneben drapieren und mit der Soße beträufeln. Direkt servieren und genießen.

(MARINIERTER FASAN)

FAISAN MARINÉ

2 Port. 2,5 Std. Mittel

Zutaten

Je 3 Zweige Rosmarin und Salbei
2 Knoblauchzehen
1 Fasan
1 Zwiebel
1 Möhre
1 Petersilienwurzel
150 ml Geflügelbrühe
4 EL Honig
4 EL Öl
2 EL Calvados
2 EL Olivenöl
1 EL Worcestershire-soße
1 TL Senfkörner
1 TL Wacholderbeeren
1 Prise Muskatnuss
Salz, Pfeffer

Nährwerte p. P.

1434 kcal
67 g Kohlenhydrate
81 g Fett
104 g Eiweiß

1 Zunächst den Fasan putzen, die Keulen sowie Flügel abtrennen und die Brust herauslösen. Das Fleisch unter fließendem Wasser abspülen, mit einem Küchentuch trocken tupfen und dann mit Salz und Pfeffer würzen.

2 Als Nächstes die Zwiebel schälen und hacken sowie die Möhre schälen und in Scheiben schneiden. Danach die Petersilienwurzel schälen und würfeln sowie den Knoblauch schälen und pressen. Die Senfkörner zusammen mit den Wacholderbeeren in einen Mörser füllen und zerstoßen. Abschließend noch den Rosmarin sowie den Salbei waschen, trocken tupfen und hacken.

3 Den Knoblauch in ein hohes Gefäß geben, die zerstoßenen Senfkörner und Wacholderbeeren dazugeben und anschließend den Rosmarin und den Salbei hinzufügen. Mit Muskat würzen, mit dem Honig süßen und dann mit Olivenöl, Calvados und Worcestershiresoße aufgießen. Mit Hilfe eines Pürierstabs zu einer feinen Creme mixen.

4 Nun den Backofen auf 180 °C Ober- und Unterhitze vorheizen und einen Bräter mit etwas Pflanzenöl ausstreichen. Die vorbereitete Zwiebel sowie die Petersilienwurzel und die Möhre in dem Bräter verteilen und mit Salz und Pfeffer bestreuen.

5 Danach etwas Öl in eine große Pfanne füllen, erhitzen und die Fasanteile bei starker Hitze rundherum scharf anbraten. Nun das Fleisch aus der Pfanne nehmen und mit der vorbereiteten Marinade einreiben.

6 Das marinierte Fleisch auf das Gemüse in den Bräter legen, mit den Speckscheiben belegen und dann den Bräter verschließen und in den Ofen schieben.

7 Den Fasan für ca. 15 Minuten garen. Anschließend den Bräter aus dem Ofen nehmen, das Gemüse mit der Brühe begießen und das Fleisch nochmals leicht marinieren. Erneut in den Ofen schieben und für weitere 30 Minuten bei 120 °C garen.

8 Nach Ablauf der Garzeit den Bräter aus dem Ofen nehmen, vorsichtig öffnen und den marinierten Fasan zusammen mit dem Gemüse servieren und genießen.

(GEFÜLLTE LAMMSCHULTER)

ÉPAULE D´AGNEAU FARCIE

4 Port.

14 Std. 45 Min.

Mittel

Zutaten

1½ kg Lammschulter
375 g bunte Tomaten
200 g Perlzwiebeln
1 Zweig Rosmarin
1 rote Chili
⅓ Bund Thymian
400 ml Champagner
250 ml Gemüsebrühe
5 EL Olivenöl

Für die Füllung:
60 g getrocknete Tomaten in Öl
10 Basilikumblätter
3 Scheiben Toastbrot
1 Ei
Salz, Pfeffer

Nährwerte p. P.

820 kcal
21 g Kohlenhydrate
43 g Fett
72 g Eiweiß

1 Zunächst den Rosmarin waschen, trocken tupfen und hacken. Anschließend die Chilischote waschen, der Länge nach aufschneiden, die Kerne herauskratzen und die Schote dann in schmale Streifen schneiden. Die Chilistreifen in eine kleine Schüssel füllen, den gehackten Rosmarin dazugeben und mit zwei bis drei Esslöffel Öl aufgießen. Gründlich verrühren und kurz ziehen lassen.

2 Währenddessen das Fleisch unter fließendem Wasser abspülen, mit einem Küchentuch trocken tupfen und anschließend mit dem Chili-Rosmarin-Öl einpinseln. Das Fleisch in eine Schüssel füllen, mit Frischhaltefolie abdecken und über Nacht im Kühlschrank durchziehen lassen.

3 Am nächsten Tag zuerst die Füllung zubereiten. Dafür das Brot entrinden und würfeln. Nun ein Ei in eine Schüssel aufschlagen, die Brotwürfel dazugeben und vorsichtig mit dem Ei vermengen. Die Schüssel abdecken und für ca. 30 Minuten in den Kühlschrank geben.

4 Als Nächstes das Basilikum waschen, trocken tupfen und die Blättchen hacken. Anschließend die eingelegten Tomaten abgießen, ebenfalls hacken und anschließend zusammen mit dem Basilikum in eine Schüssel füllen. Vorsichtig miteinander vermengen und dann die vorbereiteten Brotwürfel untermischen. Zum Schluss mit Salz und Pfeffer würzen.

5 Nun den Backofen auf 150 °C Ober- und Unterhitze vorheizen. Das Fleisch flach auslegen, nochmals leicht salzen und dann mittig etwas Tomaten-Brot-Füllung platzieren. Das Fleisch ähnlich wie einen Rollbraten einrollen und abschließend mit etwas Küchengarn fixieren.

6 Das restliche Öl in einen Bräter füllen, erhitzen und das gefüllte Fleisch bei starker Hitze rundherum für ca. acht bis zehn Minuten scharf anbraten. Im Anschluss mit dem Champagner und der Brühe ablöschen. Den Bräter nun mit einem Deckel verschließen, in den Ofen schieben und das Fleisch für ca. 60 Minuten garen.

7 Nach Ende der Garzeit die Perlzwiebeln schälen und zum Fleisch in den Bräter geben. Nochmals für ca. 15 Minuten im Ofen schmoren lassen. In der Zwischenzeit die Tomaten waschen und die Stielansätze herausschneiden. Danach den Thymian waschen und trocken tupfen.

8 Nach Ende der Schmorzeit den Bräter erneut aus dem Ofen nehmen, das Fleisch einmal wenden und die Tomaten neben das Fleisch in den Bräter legen. Alles leicht salzen und mit dem Thymian belegen. Den Bräter verschließen und für weitere 30 Minuten in den Ofen schieben.

9 Sobald das Fleisch fertig ist, den Bräter aus dem Ofen nehmen und vorsichtig öffnen. Das Fleisch herausnehmen, in Alufolie einschlagen und für ca. 15 Minuten ruhen lassen. Währenddessen die Perlzwiebeln und die Tomaten aus dem Bräter nehmen und den Fond vorsichtig durch ein feines Sieb abseihen. Den Sud in einen Topf füllen, nochmals aufkochen lassen und mit Salz und Pfeffer abschmecken.

10 Zum Servieren das Fleisch aus der Folie nehmen, aufschneiden und auf vier Teller verteilen. Mit einigen Perlzwiebeln und Tomaten anrichten, mit etwas Soße beträufeln und dann direkt servieren und genießen.

(RINDERFILET AN BERNAISE-SOSSE)

CHATEAUBRIAND ET SAUCE BERNAISE

2 Port.

1 Std.

Mittel

Zutaten

500 g Rinderfilet
400 g mehligkochende Kartoffeln
100 g Butter
3 Stiele Estragon
1 Schalotte
1 Eigelb
100 ml trockener Wermut
3 EL milder Apfelessig
2 EL Olivenöl
½ TL Piment d'Espelette
½ TL Pfefferkörner
Salz, Pfeffer

Nährwerte p. P.

995 kcal
29 g Kohlenhydrate
66 g Fett
60 g Eiweiß

1 Zunächst die Kartoffeln schälen, achteln und in einen Topf füllen. Mit reichlich Wasser aufgießen, salzen und dann für etwa zehn Minuten kochen. Nach Ende der Kochzeit die Kartoffeln in ein Sieb abkippen und ausdampfen lassen.

2 In der Zwischenzeit den Estragon waschen, trocken tupfen und hacken sowie die Schalotte schälen und ebenfalls klein hacken. Danach die Pfefferkörner in einen Mörser füllen und zerstoßen.

3 Die Schalotte in einen kleinen Topf geben, den zerstoßenen Pfeffer und die Hälfte des Estragons dazugeben und mit Wermut und Essig aufgießen. Bei mäßiger Hitze aufkochen lassen und um die Hälfte einreduzieren.Die Flüssigkeit abschließend durch ein feines Sieb abseihen. Danach 90 g Butter in eine Pfanne geben und erhitzen, bis sie braun wird und einen leicht nussigen Geschmack bekommt. Vom Herd nehmen und abkühlen lassen.

4 Als Nächstes den Backofen auf 160 °C Ober- und Unterhitze vorheizen und ein Backblech mit Alufolie auslegen. Nun die restliche Butter zusammen mit einem Esslöffel Öl in eine beschichtete Pfanne füllen und erhitzen. Danach das Fleisch unter fließendem Wasser abspülen, mit einem Küchentuch trocken tupfen und mit etwas Salz bestreuen.

5 Das vorbereitete Fleisch in die Pfanne geben und im heißen Fett bei mäßiger Hitze für zwei bis drei Minuten pro Seite braten. Das angebratene Fleisch aus der Pfanne nehmen, auf das vorbereitete Backblech legen und mit etwas Pfeffer würzen. Das Blech in den Ofen schieben und das Fleisch für etwa 25 Minuten garen.

6 Währenddessen das restliche Öl in die bereits benutzte Pfanne füllen, erhitzen und dann die vorgekochten Kartoffeln bei mäßiger Hitze goldbraun braten. Zwischenzeitlich wenden.

7 Nach Ende der Garzeit das Fleisch aus dem Ofen nehmen, in Alufolie einschlagen und für weitere zehn Minuten ruhen lassen. Die Kartoffeln in der Zwischenzeit im ausgeschalteten Backofen warmhalten.

8 Zum Abschluss den reduzierten Estragon-Wermut-Ansatz mit dem Eigelb vermischen, Piment d´Espelette und eine Prise Salz hinzufügen und über einem Wasserbad mit Hilfe eines Schneebesens kräftig aufschlagen. Zwischenzeitlich die braune Butter nochmals erwärmen und langsam unter die angedickte Creme rühren. Mit Salz und Pfeffer abschmecken.

9 Zum Servieren das Fleisch aus der Folie nehmen, in Scheiben aufschneiden und auf zwei Tellern anrichten. Die Kartoffelspalten daneben drapieren und alles mit etwas Soße beträufeln. Mit dem restlichen Estragon und etwas Piment d´Espelette bestreuen und direkt servieren.

Fisch & Meeresfrüchte

(FISCHSUPPE)

BOUILLABAISSE

6 Port.

1 Std. 20 Min.

Leicht

Zutaten

1 kg Fischfilets und Karkassen
300 g Miesmuscheln
300 g Kartoffeln
200 g Garnelen mit Schale ohne Kopf
3 Tomaten
3 Stiele Thymian
2 Möhren
2 Knoblauchzehen
2 Lorbeerblätter
1 Zwiebel
1 Fenchel
1 Döschen Safranfäden
200 ml trockener Weißwein
50 ml Wermut
5 EL Olivenöl
2 EL Tomatenmark
Petersilie
Salz, Pfeffer

Nährwerte p. P.

419 kcal
15 g Kohlenhydrate
17 g Fett
44 g Eiweiß

1 Zunächst den Fisch unter fließendem Wasser abspülen, mit einem Küchenpapier trocken tupfen und in mundgerechte Stücke zerkleinern. Anschließend die Garnelen schälen und sowohl die Garnelen als auch die Schalen waschen und trocken tupfen. Zum Schluss noch die Muscheln waschen und hierbei bereits geöffnete Muscheln aussortieren.

2 Nun ½ Esslöffel Öl in einen Topf geben, erhitzen und die Schalen der Garnelen darin bei mäßiger Hitze anbraten. Nach ein bis zwei Minuten zwei Liter kaltes Wasser dazugießen und die Fischkarkassen hinzufügen. Bei schwacher Hitzezufuhr für ca. 30 Minuten sanft köcheln lassen und den dabei entstehenden Schaum abschöpfen.

3 In der Zwischenzeit zwei Esslöffel Öl in eine Pfanne füllen, erhitzen und die Fischfilets auf der Hautseite bei mäßiger Hitze für etwa eine Minute anbraten. Anschließend wenden, nochmals für ca. eine Minute braten und dann den Fisch aus der Pfanne nehmen. Die gebratenen Filets auf einen Teller legen und mit Salz und Pfeffer bestreuen.

4 Als Nächstes nochmals ½ Esslöffel Öl in die bereits benutzte Pfanne füllen, heiß werden lassen und dann die Garnelen darin rundherum für ein bis zwei Minuten anbraten. Ebenfalls aus der Pfanne nehmen und abkühlen lassen.

5 Danach die Zwiebel schälen und hacken sowie die Möhren schälen und in dünne Scheiben schneiden. Anschließend den Thymian waschen und trocken tupfen sowie den Fenchel putzen und in dünne Streifen schneiden.

6 Zum Schluss noch den Knoblauch schälen und leicht zerdrücken sowie die Kartoffeln schälen und in 1 cm große Stücke würfeln.

7 Nach Ablauf der Kochzeit den Fischfond durch ein feines Sieb oder ein Tuch abseihen. Dann zwei Esslöffel Öl in einen großen Topf füllen, erhitzen und das vorbereitete Gemüse darin bei mäßiger Hitze für etwa zwei bis drei Minuten anschwitzen. Im Anschluss das Tomatenmark hinzufügen, einrühren und kurz mit anrösten.

8 Optional mit dem Wermut ablöschen und anschließend mit dem Wein aufgießen. Den Safran sowie die Lorbeerblätter dazugeben und abschließend den Fischfond dazugießen. Den Topf mit einem Deckel verschließen und die Bouillabaisse für etwa 30 Minuten bei schwacher Hitze sanft köcheln lassen.

9 Währenddessen die Tomaten an der Seite mit dem Stielansatz kreuzförmig mit einem scharfen Messer einritzen und im Anschluss mit kochendem Wasser überbrühen. Danach mit kaltem Wasser abschrecken und vorsichtig die Haut der Tomaten abziehen. Die geschälten Tomaten vierteln, die Kerne entfernen und das Fruchtfleisch in Streifen schneiden.

10 Nach Ende der Kochzeit die vorbereiteten Tomaten sowie das Fischfilet, die Muscheln und die Garnelen in die Suppe einrühren. Den Kochtopf von der heißen Herdplatte nehmen und für fünf Minuten ziehen lassen.

11 In der Zwischenzeit die Petersilie waschen, trocken tupfen und hacken. Nun die Suppe mit Salz und Pfeffer abschmecken, in tiefe Teller füllen, mit etwas Petersilie bestreuen und heiß servieren.

(FISCHRAGOUT)

BLANQUETTE DE LA MER

4 Port.

30 Min.

Leicht

Zutaten

1 kg Fischfilet
250 g Crème fraîche
150 g Champignons
100 g Staudensellerie
100 g Möhren
60 g Schalotten
30 g Butter
8 TK-Garnelen
2 Knoblauchzehen
2 Gewürznelken
2 Eigelb
2 Lorbeerblätter
¼ Bund Thymian
500 ml Fischfond
200 ml Weißwein
2 EL Öl
Salz, Pfeffer

Nährwerte p. P.

640 kcal
7 g Kohlenhydrate
38 g Fett
61 g Eiweiß

1 Zunächst die Garnelen in ein Sieb füllen und auftauen lassen. Währenddessen den Knoblauch und die Schalotten schälen und fein hacken. Danach den Thymian waschen, trocken tupfen und die Blätter von den Stielen zupfen.

2 Als Nächstes die Butter in einen Topf füllen, erhitzen und den Knoblauch zusammen mit den Schalotten bei mäßiger Hitze darin anschwitzen. Nach ein bis zwei Minuten mit dem Wein und dem Fischfond aufgießen, den Thymian sowie die Lorbeerblätter und die Nelken hinzufügen und alles bei mäßiger Hitze für ca. zehn Minuten sanft köcheln lassen

3 In der Zwischenzeit die Staudensellerie putzen, etwas Grün für später zur Seite legen und den restlichen Sellerie klein würfeln. Im Anschluss die Möhren schälen und in dünne Scheiben schneiden sowie die Champignons putzen und vierteln.

4 Danach den Fisch unter kaltem, fließendem Wasser abspülen und mit einem Küchenpapier trocken tupfen. Nun die Garnelen schälen, den Darm entfernen und gründlich waschen sowie trocken tupfen. Dann einen Esslöffel Öl in eine Pfanne füllen, erhitzen und die Pilze hineingeben.

5 Für etwa vier bis fünf Minuten bei mäßiger Hitze anbraten und zwischenzeitlich mit Salz und Pfeffer würzen. Die Pilze aus der Pfanne nehmen, erneut einen Esslöffel Öl in die Pfanne geben und dann die Garnelen für etwa drei bis vier Minuten rundherum anbraten. Ebenfalls mit Salz und Pfeffer würzen.

6 Nun den Sellerie sowie die Möhren zu der Suppe in den Topf geben, aufkochen lassen und im Anschluss die Hitze reduzieren. Langsam die Crème fraîche unterziehen und mit Salz und Pfeffer abschmecken. Den Topf vom Herd nehmen und die Suppe etwas abkühlen lassen.

7 Als Nächstes die Eigelbe verquirlen und vorsichtig unter die Suppe mischen. Im Anschluss die Pilze, die Garnelen und den Fisch unterheben und alles für etwa fünf Minuten ziehen lassen.

8 Die fertige Blanquette de la mer in tiefe Teller füllen, mit etwas Selleriegrün bestreuen und noch heiß servieren.

(ÜBERBACKENE AUSTERN)

HUÎTRES SCELLÉES

4 Port.

35 Min.

Leicht

Zutaten

150 g Paniermehl
50 g gemahlene Mandeln
50 g Butter
24 Austern
4 Scheiben Speck
2 Frühlingszwiebeln

Nährwerte p. P.

300 kcal
22 g Kohlenhydrate
17 g Fett
14 g Eiweiß

1 Zunächst den Backofen auf 180 °C Umluft vorheizen und ein Backblech mit Backpapier auslegen. Anschließend das Paniermehl in eine Schüssel füllen, die gemahlenen Mandeln untermischen und die Butter hinzufügen. Alles zu einer weichen Masse verrühren. Danach den Speck in kleine Streifen schneiden und die Austern öffnen und das Wasser abgießen.

2 Die Austern auf das vorbereitete Backblech legen, mit einigen Speckstreifen belegen und einen Esslöffel der Paniermehl-Masse darüber verteilen.

3 Nun das Blech in den Ofen schieben und die Austern für ca. zehn Minuten backen. In der Zwischenzeit die Frühlingszwiebeln putzen und in sehr feine Ringe schneiden.

4 Nach Ende der Backzeit die Austern aus dem Ofen nehmen, abkühlen lassen und mit einigen Frühlingszwiebeln bestreuen. Direkt servieren und heiß genießen.

(DORSCHFILET MIT MUSCHELRAGOUT)

DOS DE CABILLAUD AU RAGOUT DE MOULES

2 Port.

35 Min.

Leicht

Zutaten

1 kg Miesmuscheln
20 g Butter
2 Dorschfilets
2 Schalotten
1 Fenchelknolle
300 ml Fischfond
250 ml Sahne
50 ml Wermut
1 EL Öl
Salz, Pfeffer

Nährwerte p. P.

826 kcal
16 g Kohlenhydrate
50 g Fett
77 g Eiweiß

1 Zunächst die Muscheln in kaltem Salzwasser gründlich durchwaschen. Hierbei bereits geöffnete Muscheln aussortieren. Einen Topf mit Wasser befüllen, salzen und aufkochen lassen. Die Muscheln in das kochende Wasser füllen und für drei bis vier Minuten bei mäßiger Hitze garen, sodass sich die Muscheln öffnen. Die Muscheln in ein Sieb abgießen, abtropfen lassen und dann das Muschelfleisch aus den Schalen lösen.

2 Als Nächstes die Schalotten schälen und in kleine Würfel schneiden sowie den Fenchel putzen und ebenfalls würfeln. Hierbei das Grün klein schneiden und beiseitestellen. Die Butter in einen kleinen Topf füllen, erhitzen und das vorbereitete Gemüse bei mäßiger Hitze für drei bis vier Minuten darin anschwitzen. Im Anschluss mit dem Wermut ablöschen und für ca. fünf Minuten köcheln lassen.

3 Danach das Gemüse mit dem Fischfond aufgießen und die Sahne einziehen. Bei schwacher Hitze für ca. 15 Minuten leise köcheln lassen und abschließend mit Salz und Pfeffer abschmecken

4 Nun den Backofen auf 150 °C Umluft vorheizen und ein Backblech mit Backpapier auslegen. Danach den Dorsch unter fließendem Wasser abspülen, mit einem Küchenpapier trocken tupfen und anschließend mit Salz und Pfeffer bestreuen. Eine beschichtete Pfanne erhitzen und den Fisch auf der Hautseite für etwa fünf Minuten bei mäßiger Hitze anbraten. Den Fisch aus der Pfanne nehmen, auf das vorbereitete Backblech legen (mit der Hautseite nach unten) und für etwa sechs bis acht Minuten im Backofen garen.

5 In der Zwischenzeit die Muscheln zum Gemüse in den Topf geben und heiß werden lassen. Zum Schluss noch das Fenchelgrün hinzufügen und unterheben. Das fertige Muschelragout auf zwei Teller verteilen, den Fisch aus dem Ofen nehmen und auf dem Ragout anrichten. Das Dorschfilet mit Muschelragout direkt servieren und heiß genießen.

MEERESFRUCHTPÄCKCHEN)

FORFAITS FRUITS DE MER

4 Port.

25 Min.

Leicht

Zutaten

240 g küchenfertige Garnelen
4 Lachsfilets
4 Zweige Rosmarin
2 Frühlingszwiebeln
1 Zitrone
Olivenöl
Salz, Pfeffer

Nährwerte p. P.

437 kcal
4 g Kohlenhydrate
26 g Fett
47 g Eiweiß

1 Zunächst den Backofen auf 175 °C Umluft vorheizen und danach den Fisch unter fließendem Wasser gründlich abspülen und mit einem Küchenpapier trocken tupfen. Danach die Garnelen waschen sowie die Frühlingszwiebeln putzen und in Ringe schneiden. Zum Schluss noch die Zitrone in vier dünne Scheiben schneiden.

2 Nun vier Bögen Pergamentpapier auslegen und je ein Lachsfilet und 60 g Garnelen auf einen Pergamentbogen legen. Mit einer Scheibe Zitrone belegen und mit den Frühlingszwiebeln und etwas Rosmarin toppen. Jeden Pergamentbogen zu einem Päckchen zusammenfalten und auf ein Backblech legen. Das Blech in den Ofen schieben und für ca. zehn Minuten garen.

3 Nach Ende der Garzeit die Päckchen aus dem Ofen nehmen, vorsichtig öffnen und direkt servieren.

(GEFÜLLTER TINTENFISCH)

ENCORNETS FARCIS

 6 Port.

 1 Std. 20 Min.

 Mittel

Zutaten

350 g Rinderhackfleisch
150 g Champignons
50 g Paniermehl
12 kleine oder 6 große Tintenfischtuben frisch oder tiefgekühlt
10 schwarze Oliven
2 Eier
1 Zwiebel
1 Knoblauchzehe
1 Handvoll Petersilie

Für die Tomatensoße:
1 kg Tomaten
1 Knoblauchzehe
1 Glas trockener Weißwein
Basilikum, Thymian
Olivenöl
Salz, Pfeffer

Nährwerte p. P.

316 kcal
15 g Kohlenhydrate
9 g Fett
36 g Eiweiß

1 Zunächst die Tintenfischtuben unter fließendem Wasser gründlich ausspülen und mit einem Küchenpapier trocken tupfen. Anschließend die Zwiebel und den Knoblauch schälen und jeweils sehr fein hacken sowie die Champignons putzen und vierteln.

2 Als Nächstes etwas Öl in eine Pfanne füllen, erhitzen und die Zwiebel sowie den Knoblauch darin anschwitzen. Nach etwa einer Minute die Champignons dazugeben und kurz mit anbraten. Alles in eine Schüssel füllen, das Rinderhack hinzufügen sowie mit den Eiern und dem Paniermehl vermengen.

3 Zum Schluss noch die Oliven zerkleinern sowie die Petersilie waschen, trocken tupfen, hacken und untermischen. Die Masse mit Salz und Pfeffer würzen und im Anschluss in die vorbereiteten Tintenfischtuben füllen. Die Tuben zum Schluss mit Hilfe eines Zahnstochers verschließen.

4 Erneut etwas Öl in eine Pfanne geben, erhitzen und die gefüllten Tintenfischtuben bei mäßiger Hitze rundherum kurz anbraten. Anschließend aus der Pfanne nehmen und beiseitestellen.

5 Danach die Tomatensoße zubereiten. Hierfür die Tomaten an der Seite mit dem Stielansatz kreuzförmig mit einem scharfen Messer einritzen und im Anschluss mit kochendem Wasser überbrühen. Danach mit kaltem Wasser abschrecken und vorsichtig die Haut der Tomaten abziehen.

6 Die geschälten Tomaten vierteln, die Kerne entfernen und das Fruchtfleisch in Streifen schneiden.

7 Den Knoblauch schälen, sehr fein hacken und zusammen mit etwas Olivenöl in die bereits benutzte Pfanne geben. Bei mäßiger Hitze für ein bis zwei Minuten andünsten und anschließend die Tomaten mit in die Pfanne füllen. Kurz mit anbraten und im Anschluss mit dem Weißwein ablöschen. Mit Salz, Pfeffer und den Kräutern abschmecken und für ca. zehn Minuten bei schwacher Hitze köcheln lassen.

8 Nach Ende der Kochzeit die gefüllten Tintenfischtuben mit in die Soße geben und für weitere 30 Minuten garen. Nach Ablauf der Garzeit die Tuben aus der Soße nehmen, in breite Streifen aufschneiden und auf sechs Teller verteilen. Mit etwas Tomatensoße beträufeln und den fertigen Encornets farcis servieren und genießen.

(WOLFSBARSCH MIT MARACUJASOßE)

LOUP DE MER A LA SAUCE MARACUJA

2 Port.

2 Std.

Mittel

Zutaten

750 g Wolfsbarschfilet
4 Bananen
2 Eier
1 Knoblauchzehe
1 Süßkartoffel
½ Zitrone
6 EL Olivenöl
Mehl
Etwas Butter
Salz, Pfeffer, grobes Meersalz, Rosmarin

Für die Soße:
6 Maracujas
½ Tasse Maracujasaft
1 ½ EL Creme Cru
1 EL Butter
1 Msp. Piment

Nährwerte p. P.

1454 kcal
104 g Kohlenhydrate
73 g Fett
91 g Eiweiß

1 Zunächst eine Auflaufform mit Meersalz ausstreuen und den Backofen auf 200 °C Umluft vorheizen. Danach die Süßkartoffel waschen, trocken tupfen und mit etwas Butter einreiben. Anschließend mit etwas Meersalz bestreuen und in die vorbereitete Form legen.

2 Abschließend den Rosmarin waschen, trocken tupfen, die Nadeln von den Stielen zupfen und die Süßkartoffel damit bestreuen. Die Form in den vorgeheizten Ofen schieben und für ca. 50 bis 60 Minuten garen.

3 In der Zwischenzeit die Maracujas waschen und aufschneiden und das Fruchtfleisch sowie den Saft herauslösen. Beides in einen kleinen Topf füllen und bei schwacher Hitze langsam heiß werden lassen. Nun die Creme Cru vorsichtig unterrühren und mit Piment d´Espelette würzen. Die Soße beiseitestellen.

4 Als Nächstes den Fisch unter fließendem Wasser gründlich waschen, mit einem Küchenpapier trocken tupfen und anschließend in zwei Hälften schneiden. Den Knoblauch schälen und den Fisch damit einreiben. Anschließend noch mit Salz und Pfeffer bestreuen sowie den Saft der halben Zitrone darüberträufeln.

5 Nun das Mehl in einen tiefen Teller füllen, die Eier in einen zweiten Teller geben und mit einer Gabel verquirlen. Den gewürzten Fisch nun zunächst im Mehl wenden und anschließend im Ei baden.

6 Anschließend das Olivenöl in eine Pfanne füllen, erhitzen und den panierten Fisch von beiden Seiten für je drei bis fünf Minuten bei mäßiger Hitze braten. Nach Ende der Bratzeit den Fisch aus der Pfanne nehmen, beiseitestellen und gegebenenfalls warmhalten.

7 Danach die Bananen schälen und der Länge nach aufschneiden. Die halbierten Bananen in die bereits benutzte Pfanne legen und kurz anbraten. Währenddessen die Soße nochmals erhitzen und dann die kalte Butter einrühren.

8 Zum Anrichten die fertige Süßkartoffel aus dem Ofen nehmen, halbieren und je eine Hälfte auf einen Teller legen. Mit einem Stück Fisch und den Bananenhälften anrichten und mit etwas Soße beträufeln. Direkt servieren und den fertigen Loup de Mer mit Maracujasoße genießen.

(LACHS-SOUFFLE)

SOUFFLE AU SAUMON

4 Port.

1 Std.

Leicht

Zutaten

250 g Lachsfilet
100 g Champignonscheiben aus der Dose
1 EL Öl
1 EL Butter

Zutaten für die Ei-Masse:
60 g Mehl
60 g Butter
4 Eier
200 ml Milch
50 ml Wasser
Je 2 Prisen Salz und weißer Pfeffer

Nährwerte p. P.

430 kcal
14 g Kohlenhydrate
31 g Fett
23 g Eiweiß

1 Zunächst den Backofen auf 180 °C Ober- und Unterhitze vorheizen und eine Auflaufform mit Butter ausstreichen. Anschließend den Lachs unter fließendem Wasser abspülen, mit einem Küchenpapier trocken tupfen und in mundgerechte Stücke zerschneiden. Danach einen Esslöffel Öl in eine Pfanne füllen, erhitzen und den Lachs von beiden Seiten für je vier bis fünf Minuten bei mäßiger Hitze braten.

2 Als Nächstes die Champignons abgießen und abtropfen lassen. In der Zwischenzeit die Butter in einen Topf füllen, erhitzen und das Mehl einrühren. Kurz anschwitzen lassen und dann mit der Milch und dem Wasser aufgießen. Kräftig verrühren und währenddessen aufkochen lassen.

3 Anschließend den Topf von der Herdplatte nehmen. Nun die Eier aufschlagen, trennen und die Eigelbe verquirlen. Die Eigelbe zur Soße geben, unterrühren und abschließend mit Salz und Pfeffer abschmecken. Die Eiweiße in einer zweiten Schüssel mit etwas Salz zu Eischnee steif aufschlagen und erst danach vorsichtig unter die Soße heben.

4 Zum Schluss den Lachs in die vorbereitete Auflaufform füllen, die Pilze dazugeben und alles mit der Soße begießen. Die Form in den vorgeheizten Ofen schieben und den Fisch für ca. 35 bis 40 Minuten garen. Das fertige Lachs-Soufflé aus dem Ofen nehmen und direkt servieren und genießen.

(BRETONISCHER LACHS MIT CHAMPIGNONS)

SAUMON BRETON AUS CHAMPIGNONS

4 Port.

35 Min.

Leicht

Zutaten

800 g Lachsfilet
100 g Champignons
10 EL Butter
3 EL Zitronensaft
1 Prise Salz
1 Prise Pfeffer

Nährwerte p. P.

617 kcal
3 g Kohlenhydrate
47 g Fett
47 g Eiweiß

1 Zunächst den Backofen auf 200 °C Ober- und Unterhitze vorheizen und eine Auflaufform mit zwei Esslöffel Butter ausstreichen. Den Fisch unter fließendem Wasser abspülen, mit einem Küchenpapier trocken tupfen und anschließend in mundgerechte Stücke zerteilen. Abschließend mit Salz und Pfeffer würzen.

2 Danach die Champignons putzen und in dünne Scheiben aufschneiden. Nun fünf Esslöffel Butter in eine Pfanne füllen, erhitzen und die Champignons darin bei mäßiger Hitze für ein bis zwei Minuten anbraten. Danach den Lachs hinzufügen und für weitere drei bis vier Minuten braten.

3 Die Champignon-Lachs-Masse in die vorbereitete Auflaufform füllen, in den Ofen schieben und für etwa 20 Minuten garen.

4 Nach Ablauf der Garzeit die Form aus dem Ofen nehmen, drei Esslöffel Butter in kleinen Flocken über dem Fisch verteilen und mit etwas Zitronensaft beträufeln. Den fertigen bretonischen Lachs direkt servieren und noch heiß genießen.

(RED SNAPPER MIT MIESMUSCHEL-VELOUTE)

VIVANET ROUGE AU VELOTE DE MOULES

4 Port.

1 Std. 10 Min.

Leicht

Zutaten

6 Lauchzwiebel
4 Red Snapper-Filets mit Haut
1 Fenchelknolle
3 EL Olivenöl
2 TL Zucker
Je 1 Prise Salz und Pfeffer

Zutaten Für die Muschel-Velouté:
1 kg Miesmuscheln
150 g Schlagsahne
25 g Butter
4 Knoblauchzehen
2 Schalotten
1 Zwiebel
200 ml Fischfond
160 ml trockener Weißwein
3 EL Olivenöl
1 EL Currypulver
3 TL Mehl
Je 1 Prise Salz und Pfeffer

Nährwerte p. P.

793 kcal
31 g Kohlenhydrate
45 g Fett
56 g Eiweiß

1 Zunächst die Zwiebel und den Knoblauch schälen und sehr fein hacken. Anschließend das Öl in eine Pfanne füllen, erhitzen und die Zwiebeln zusammen mit dem Knoblauch bei mäßiger Hitze für ein bis zwei Minuten darin anschwitzen.

2 Im Anschluss die Muscheln unter fließendem Wasser gründlich waschen, bereits geöffnete Muscheln dabei aussortieren und dann mit in die Pfanne geben. Die Muscheln für etwa drei bis vier Minuten dünsten und dann mit dem Wein sowie dem Fischfond aufgießen. Nun die Pfanne mit einem passenden Deckel abdecken und die Muscheln für weitere fünf Minuten garen.

3 Nach Ende der Garzeit die Muscheln in ein Sieb abgießen und hierbei den Muschelsud auffangen. Nun das Fleisch aus den Muscheln lösen und in eine Schüssel füllen.

4 Als Nächstes die Schalotten schälen und hacken. Im Anschluss die Butter in eine Pfanne füllen, heiß werden lassen und die gehackten Schalotten darin glasig dünsten. Nach ein bis zwei Minuten das Curry sowie das Mehl hinzufügen, kurz anschwitzen und anschließend mit dem Muschelsud sowie der Sahne aufgießen. Bei schwacher Hitze für ca. 15 Minuten sanft köcheln lassen und zwischenzeitlich umrühren. Abschließend mit Salz und Pfeffer abschmecken.

5 Danach die Lauchzwiebeln waschen, die Enden abtrennen und der Länge nach aufschneiden. Den Fenchel putzen und in Streifen schneiden sowie den Fisch unter fließendem Wasser abspülen und mit einem Küchenpapier trocken tupfen. Nun das Öl in eine Pfanne füllen, erhitzen und den Fisch zusammen mit dem Fenchel und den Frühlingszwiebeln auf der Hautseite bei mäßiger Hitze anbraten. Nach etwa einer Minute den Fisch wenden und nochmals kurz braten.

6 Abschließend mit Salz und Pfeffer bestreuen. Den Fisch aus der Pfanne nehmen, beiseitestellen und warmhalten. Das Gemüse in der Pfanne nun mit Salz und Zucker bestreuen und leicht karamellisieren lassen. Abschließend die Muscheln zu der Soße in den Topf füllen und nochmals vorsichtig erhitzen (nicht kochen).

7 Zum Anrichten das Gemüse auf vier Teller verteilen, mit dem Fisch und einigen Muscheln toppen und final mit etwas Soße beträufeln. Den fertigen Red Snapper mit Miesmuschel-Velouté direkt servieren und heiß genießen.

Vegan & vegetarisch

(SPINAT-RISOTTO MIT ZIEGENKÄSE)

RISOTTO AUS ÉPINARDS AU FROMAGE DE CHÈVRE

4 Port.

35 Min.

Leicht

Zutaten

280 g Risottoreis
160 g Ziegenweichkäse
120 g frischer Blattspinat
80 g ungesalzene Macadamia
12 Zweige Thymian
2 Schalotten
1 Zitrone
600 ml Gemüsebrühe
160 ml Weißwein
30 ml Walnussöl
1 EL Olivenöl
Honig
Salz

Nährwerte p. P.

688 kcal
58 g Kohlenhydrate
38 g Fett
18 g Eiweiß

1 Zunächst den Spinat waschen, in ein Sieb füllen und abtropfen lassen. Anschließend die Zitrone mit heißem Wasser gründlich abspülen, trockenreiben und anschließend die Schale mit Hilfe einer Reibe fein raspeln. Danach die Zitrone halbieren und den Saft aus den Zitronenhälften auspressen.

2 Nun das Pesto zubereiten. Hierfür den Spinat in einen Mixer füllen, die Macadamianüsse hinzufügen und das Walnussöl sowie den Zitronenabrieb und etwas Zitronensaft dazugeben. Alles fein pürieren und das Pesto mit Salz abschmecken.

3 Als Nächstes den Backofen auf 160 °C Umluft vorheizen, ein Backblech mit Backpapier auslegen und die Brühe in einen Topf füllen und bei mäßiger Hitze heiß werden lassen. Im Anschluss die Schalotten schälen und fein hacken

4 Das Olivenöl in einen zweiten Topf füllen, erhitzen und die Schalotten darin bei mäßiger Hitze für ein bis zwei Minuten andünsten. Nun den Risottoreis hinzufügen, kurz mit anschwitzen und dann mit Wein ablöschen. Anschließend mit der heißen Brühe aufgießen und für etwa 20 Minuten bei mäßiger Hitze sanft köcheln lassen.

5 In der Zwischenzeit den Ziegenkäse in 2 cm dicke Scheiben aufschneiden und auf das vorbereitete Backblech legen. Den Thymian waschen, trocken tupfen und die Blätter von den Stielen zupfen. Den Ziegenkäse mit etwas Honig beträufeln, mit dem Thymian bestreuen und anschließend das Blech in den Ofen schieben. Den Käse für 12 bis 15 Minuten backen.

6 Zum Anrichten das Risotto auf vier Teller verteilen, mit dem Ziegenkäse toppen und mit etwas Pesto beträufeln. Direkt servieren und genießen.

(QUICHE MIT BUTTERNUTKÜRBIS UND FETA)

QICHE AU CITROUILLE ET FETA

12 Port.

1 Std.
40 Min.

Mittel

Zutaten

500 g Butternutkürbisfruchtfleisch
260 g Dinkelmehl
250 g saure Sahne
150 g Feta
140 g Butter
5 Eier
3 Stiele Basilikum
1 rote Zwiebel
4 EL Milch
2 EL Olivenöl
etwas Butter für die Form
Salz, Pfeffer, Muskat

Nährwerte p. P.

291 kcal
17 g Kohlenhydrate
21 g Fett
8 g Eiweiß

1 Zunächst den Teig herstellen. Hierfür das Mehl in eine Schüssel füllen, mit ½ Teelöffel Salz vermischen und anschließend mittig eine kleine Vertiefung drücken. In die Mulde nun ein Ei aufschlagen und im Anschluss die Butter flöckchenweise um die Vertiefung herum verteilen.

2 Mit den Händen die Zutaten von der Mitte ausgehend nach außen hin zu einem homogenen Teig verkneten. Den Teig zu einer Kugel formen, in Frischhaltefolie einschlagen und für etwa 30 Minuten im Kühlschrank kaltstellen.

3 In der Zwischenzeit die Zwiebel schälen, in zwei Hälften zerteilen und dann in sehr dünne Streifen aufschneiden. Anschließend den Kürbis fein würfeln und das Basilikum waschen, trocken tupfen und hacken. Danach die restlichen Eier in ein hohes Gefäß geben, die saure Sahne sowie die Milch hinzugießen und mit Muskat, Salz und Pfeffer verquirlen.

4 Als Nächstes etwas Öl in eine Pfanne füllen, erhitzen und die Zwiebel sowie den Kürbis bei mäßiger Hitze für vier bis fünf Minuten darin anschwitzen. Nach Ende der Garzeit die Pfanne vom Herd nehmen und das Gemüse mit Salz und Pfeffer würzen.

5 Nun den Backofen auf 180 °C Ober- und Unterhitze vorheizen und eine Tarteform mit Butter ausstreichen. Dann den Teig aus dem Kühlschrank nehmen, die Frischhaltefolie entfernen und den Teig auf einer leicht bemehlten Arbeitsfläche in Größe der Backform ausrollen. Den Teig in die Form legen, den Rand etwas hochziehen und leicht andrücken.

6 Danach das Gemüse auf dem Teigboden verteilen und den Feta darüber bröseln. Abschließend mit der Sahne-Ei-Masse übergießen, die Masse glattstreichen und mit etwa der Hälfte des Basilikums bestreuen. Die Form in den Ofen schieben und die Quiche für ca. 40 Minuten backen.

7 Nach Ende der Backzeit die Form aus dem Ofen nehmen, etwas abkühlen lassen und dann mit dem restlichen Basilikum dekorieren. Die Quiche aufschneiden, servieren und genießen.

(BLÄTTERTEIG-TARTE)

TARTE FEUILLETEE

12 Port.

1 Std.
20 Min.

Leicht

Zutaten

500 g mehligkochende Kartoffeln
300 g TK-Blätterteig
300 g Camembert
100 g Crème fraîche
4 Stiele Schnittlauch
2 Stiele Petersilie
1 Eigelb
200 ml Schlagsahne
Muskat, Salz, Pfeffer
Butter, Mehl

Nährwerte p. P.

314 kcal
16 g Kohlenhydrate
24 g Fett
8 g Eiweiß

1 Zunächst den Blätterteig nebeneinanderlegen und auftauen lassen. In der Zwischenzeit den Backofen auf 180 °C Umluft vorheizen und eine runde Auflaufform mit etwas Fett ausstreichen.

2 Als Nächstes die Kartoffeln schälen, waschen und in kleine Würfel schneiden. Einen Topf mit reichlich Wasser befüllen, salzen und die Kartoffelwürfel darin bei mäßiger Hitze für etwa 12 bis 15 Minuten kochen. Nach Ende der Kochzeit in ein Sieb abgießen, abtropfen und ausdampfen lassen.

3 Währenddessen die Kräuter waschen, trocken tupfen und hacken. Danach den Camembert fein würfeln und in eine Schüssel füllen. Nun die Sahne sowie die Crème fraîche hinzufügen, kräftig verrühren und abschließend mit Muskat, Salz und Pfeffer würzen.

4 Danach die Kartoffeln in eine Schüssel geben, mit den gehackten Kräuter vermengen und dann in die vorbereitete Auflaufform füllen. Die Kartoffeln mit dem Käse-Sahne-Mix übergießen und glattstreichen. Im Anschluss den Blätterteig mit Hilfe eines Nudelholzes leicht ausrollen und auf die Größe der Auflaufform zurechtschneiden. Den Blätterteig auf die Form legen und mit etwas verquirltem Eigelb bepinseln.

5 Die Auflaufform in den Backofen schieben und die Blätterteig-Tarte für ca. 30 bis 40 Minuten goldgelb backen. Nach Ende der Backzeit die Form aus dem Ofen nehmen, die Tarte etwas abkühlen lassen und dann noch heiß servieren.

RATATOUILLE

8 Port.

1 Std.

Leicht

Zutaten

800 g Dosentomaten
Je 600 g Auberginen und Zucchini
Je 400 g rote und gelbe Paprika
Je 4 Zwiebeln und Knoblauchzehen
500 ml Gemüsebrühe
100 ml Rotwein
8 EL Olivenöl
2 EL Tomatenmark
2 TL Zucker
2 TL Kräuter der Provence
Salz, Pfeffer

Für die Toppings:
250 g Ziegenfrischkäse
180 g getrocknete, entkernte Datteln
2 Baguettes
1 Bund Basilikum
6 EL Olivenöl
½ TL Chiliflocken

Nährwerte p. P.

659 kcal
58 g Kohlenhydrate
38 g Fett
14 g Eiweiß

1 Zunächst die Zwiebeln schälen, in zwei Hälften zerteilen und anschließend in Streifen schneiden. Danach die Auberginen und die Zucchini waschen, die Enden abtrennen und dann in kleine Würfel schneiden. Nun die Paprika waschen, die Kerngehäuse heraustrennen und die Schote in kleine Stücke schneiden.

2 Als Nächstes vier Esslöffel Öl in eine große Pfanne füllen, erhitzen und die Zwiebeln, die Zucchini sowie die Paprika darin bei mäßiger Hitze anbraten. Zwischenzeitlich mit Salz und Pfeffer bestreuen. Danach den Knoblauch schälen und mit in die Pfanne pressen. Zum Schluss noch die Auberginen unterheben und für ein bis zwei Minuten mitdünsten.

3 Im Anschluss das Tomatenmark sowie einen Teelöffel Zucker zum Gemüse geben, kurz anschwitzen und dann mit dem Rotwein ablöschen. Bei mäßiger Hitze köcheln lassen, bis der Rotwein fast vollständig eingekocht ist. Zwischendurch umrühren.

4 Nun die Tomaten aus der Dose und die Brühe dazugeben, mit den Kräutern ergänzen und alles zusammen nochmals zum Kochen bringen. Im Anschluss die Hitzezufuhr reduzieren und das Gemüse für etwa 20 Minuten leise köcheln lassen.

5 In der Zwischenzeit die Toppings vorbereiten. Hierfür den Ziegenfrischkäse in eine Schale füllen und glattrühren. Danach mit zwei Esslöffeln Olivenöl beträufeln und mit den Chiliflocken toppen. Nun die Datteln sehr klein schneiden sowie das Basilikum waschen, trocken tupfen und hacken. Nun das Baguette leicht schräg in Scheiben aufschneiden, mit dem restlichen Olivenöl beträufeln und anschließend in einer beschichteten Pfanne für etwa zwei bis drei Minuten je Seite bei mäßiger Hitze anrösten.

6 Nach Ende der Kochzeit das Ratatouille mit Zucker, Salz und Pfeffer abschmecken. Nochmals kräftig umrühren und dann gleichmäßig auf acht tiefe Teller verteilen. Mit jeweils ein bis zwei Esslöffel Ziegenfrischkäse toppen, mit den Datteln sowie etwas Basilikum bestreuen und das geröstete Brot dazu reichen. Servieren und direkt genießen.

(BAECKEOFFE MIT BUTTERNUTKÜRBIS UND GEMÜSE)

BAECKEOFFE AU CITROUILLE ET LÉGUMES

4 Port.

1 Std. 40 Min.

Leicht

Zutaten

600 g Wirsing
500 g Butternutkürbis
Je 500 g Möhren und festkochende Kartoffeln
300 g Ringelbete
300 g Mehl
8 Stiele Thymian
5 Stiele Petersilie
3 Gewürznelken
2 Zwiebeln
2 Lorbeerblätter
1 Zitrone
1 Stange Lauch
1 Knoblauchzehe
2 EL Butter
300 ml Weißwein
150 ml Wasser
1 TL Paprikapulver
1 TL Wacholderbeeren
Salz, Pfeffer

Nährwerte p. P.

330 kcal
46 g Kohlenhydrate
6 g Fett
10 g Eiweiß

1 Zunächst die Zwiebeln schälen und hacken sowie den Kürbis schälen und das Fruchtfleisch in Würfel schneiden. Danach die Möhren schälen, die Enden abtrennen und in Ringe aufschneiden sowie den Porree putzen und in Ringe zerteilen. Im Anschluss den Thymian waschen, trocken tupfen und hacken sowie den Knoblauch schälen und halbieren. Zum Schluss noch die Ringelbete und die Kartoffeln schälen und beides klein würfeln sowie den Wirsing halbieren, den Strunk entfernen und dann in Streifen schneiden.

2 Als Nächstes den Backofen auf 180 °C Ober- und Unterhitze vorheizen. Anschließend die Butter in eine backofengeeignete Pfanne oder einen Bräter füllen, erhitzen und das vorbereitete Gemüse hineingeben. Den Thymian, die Nelken, die Wacholderbeeren sowie die Lorbeerblätter hinzufügen und alles mit Paprikapulver, Salz und Pfeffer würzen. Nach fünf bis sechs Minuten mit dem Weißwein aufgießen und alles bei mäßiger Hitze sanft köcheln lassen.

3 In der Zwischenzeit das Mehl in eine Schüssel füllen, mit dem Wasser aufgießen und dann zu einem glatten Teig verrühren. Die Teigmasse in zwei Hälften teilen und beide Teighälften jeweils zu einer langen Rolle formen. Die Teigrollen nun auf den Rand der Pfanne drücken. Hierbei darauf achten, dass sich die Enden der Teigrollen leicht überlappen.

4 Anschließend einen passenden Deckel auf die Pfanne bzw. auf den Teigrand drücken. Die Pfanne in den Ofen schieben und für etwa 60 Minuten garen.

5 Währenddessen die Petersilie waschen, trocken tupfen und hacken sowie die Zitrone heiß abwaschen, trockenreiben und die Schale fein raspeln. Nun einen Teelöffel Zitronenabrieb in eine kleine Schüssel füllen, die Petersilie dazugeben und beides miteinander vermischen.

6 Nach Ende der Garzeit die Pfanne aus dem Ofen nehmen, den Deckel vorsichtig öffnen und den Eintopf nochmals mit Salz und Pfeffer abschmecken. Abschließend mit dem Petersilie-Mix bestreuen und das fertige Baeckeoffe noch heiß servieren und genießen.

(GEMÜSE-CREPE-TORTE)

GATEAU DE CREPE AUX LEGUMES

6 Port.

2 Std.

Leicht

Zutaten

Für den Teig:
180 g Dinkelmehl
3 Eier
360 ml Milch
3 EL Olivenöl
1 EL Butterschmalz
1 TL Kurkuma
½ TL Salz

Für die Füllung:
500 g Spinat
350 g Ricotta
100 g Schlagsahne
90 g Parmesan
50 g Butter
25 g Semmelbrösel
2 Eier
Muskat, Salz, Pfeffer

Nährwerte p. P.

630 kcal
43 g Kohlenhydrate
40 g Fett
24 g Eiweiß

1 Zunächst den Teig zubereiten. Hierfür das Mehl in eine Schüssel geben, mit dem Salz und dem Kurkuma vermischen und im Anschluss mit der Milch aufgießen. Danach die Eier und drei Esslöffel Öl hinzufügen und alles zu einem glatten Teig verrühren. Den Teig für ca. 15 Minuten ruhen lassen.

2 Als Nächstes eine flache Pfanne mit etwas Butterschmalz ausstreichen, erhitzen und eine Kelle voll Teig hineinfüllen. Leicht schwenken, um den Teig gleichmäßig in der Pfanne zu verteilen. Den Crêpe nun für zwei bis drei Minuten bei mäßiger Hitze backen, dann wenden und nochmals für ein bis zwei Minuten backen. Im Anschluss auf einen Teller füllen und abkühlen lassen. Auf diese Weise zwölf Crêpes ausbacken.

3 Danach die Füllung herstellen. Hierfür zunächst den Spinat waschen und mit kochendem Wasser übergießen, sodass der Spinat zusammenfällt. Anschließend den Spinat kalt abspülen, abtropfen lassen und gut ausdrücken. Den ausgedrückten Spinat fein hacken, in eine Schüssel füllen und mit Salz und Pfeffer würzen. Anschließend den Parmesan reiben und etwa 30 g davon unter den Spinat mischen. Nun den Ricotta, die Sahne und die Eier zum Spinat-Käse-Mix geben, mit Muskat, Salz und Pfeffer würzen und alles gründlich miteinander vermengen

4 Als Nächstes den Backofen auf 200 °C Ober- und Unterhitze vorheizen und eine feuerfeste Form mit etwas Öl ausstreichen.

5 Nun einen Crêpe in die vorbereitete Form legen, ein bis zwei Esslöffel der Spinatfüllung darauf verteilen und mit einem weiteren Crêpe bedecken. Auf diese Weise alle Crêpes und die gesamte Füllung verarbeiten. Hierbei darauf achten, dass die oberste Schicht von einem Crêpe gebildet wird. Den obersten Crêpe mit ca. 30 g Parmesan bestreuen, die Form in den Ofen schieben und für ca. 25 bis 30 Minuten backen.

6 In der Zwischenzeit die Butter in einen kleinen Topf füllen, langsam erhitzen und dann die Semmelbrösel sowie den restlichen Parmesan dazugeben. Ausgiebig verrühren und ca. fünf Minuten vor Ende der Backzeit über dem obersten Crêpe verteilen. Für weitere fünf Minuten backen und dann die Form aus dem Ofen nehmen. Die fertige Gemüse-Crêpe-Torte anschneiden und wahlweise warm oder kalt servieren.

(AUBERGINE MIT ZIEGENKÄSE)

AUBERGINE AU FROMAGE DE CHÈVRE

4 Port.

35 Min.

Leicht

Zutaten

8 Scheiben Ziegenrolle
6 Zweige Thymian
4 Tomaten
1 Aubergine
8 EL Olivenöl
etwas Öl für die Form
Salz, Pfeffer

Nährwerte p. P.

242 kcal
9 g Kohlenhydrate
21 g Fett
4 g Eiweiß

1 Zunächst den Backofen auf 200 °C Ober- und Unterhitze vorheizen und eine Auflaufform mit etwas Öl auspinseln. Die Aubergine waschen, die Enden abtrennen und in gleichmäßige Scheiben aufschneiden. Die Auberginenscheiben in die vorbereitete Auflaufform legen und mit Salz und Pfeffer bestreuen.

2 Anschließend die Tomaten waschen, die Stielansätze entfernen und in Scheiben aufschneiden. Die Tomatenscheiben auf die Aubergine schichten und mit dem Ziegenkäse toppen. Abschließend nochmals mit Salz und Pfeffer bestreuen.

3 Als Nächstes den Thymian waschen, die Blätter von den Stielen zupfen und etwa ¾ der Blättchen in ein kleines Gefäß geben. Mit dem Olivenöl aufgießen und kurz aber kräftig vermengen. Das Öl über das Gemüse in der Form träufeln und diese anschließend in den Ofen schieben. Für ca. 12 bis 17 Minuten backen.

4 Nach Ende der Backzeit die Form aus dem Ofen nehmen, das Gemüse mit dem restlichen Thymian bestreuen und die fertigen Auberginentaler mit Ziegenkäse noch heiß servieren und genießen.

(RADICCHIO-ROQUEFORT-AUFLAUF)

CASSEROLLE DE RADICCHIO ET ROQUEFORT

2 Port.

25 Min.

Leicht

Zutaten

4 Radicchio
8 Prisen Kräutersalz
8 Prisen Pfeffer
1 Schuss Schnaps, weiß
1 Becher Schlagobers
1 Roquefort
1 Schuss Balsamico
2 Eigelb
2 EL Olivenöl
1 EL Butter

Nährwerte p. P.

634 kcal
6 g Kohlenhydrate
64 g Fett
8 g Eiweiß

1 Zunächst den Backofen auf 210 °C Ober- und Unterhitze vorheizen und eine Auflaufform mit der Butter ausstreichen. Anschließend das Olivenöl in eine Pfanne füllen, erhitzen und die Radicchio halbieren. Die Radicchiohälften in die Pfanne geben und bei mäßiger Hitze kurz anbraten.

2 Nach zwei bis drei Minuten mit dem Schnaps ablöschen und mit Salz und Pfeffer bestreuen. Für weitere zwei bis vier Minuten ziehen lassen und dann die Radicchio in die vorbereitete Form legen.

3 Als Nächstes die Sahne in eine Schüssel füllen, die Eigelbe, den Essig sowie den Käse hinzufügen und alles mit einem Handrührgerät kräftig mixen. Die Masse über die Radicchio gießen und dann die Form in den Ofen schieben. Für etwa zehn bis zwölf Minuten goldbraun backen.

4 Den Auflauf aus dem Ofen nehmen, etwas abkühlen lassen und den fertigen Radicchio-Roquefort-Auflauf servieren.

(HACHI PARMENTIER MIT TOFU)

HACHI PERMENTIER AU TOFU

4 Port.

1,5 Std.

Mittel

Zutaten

Für das Kartoffelpüree:

1 kg Kartoffeln
50 g Butter
200 ml Milch
Muskat, Salz

Für das vegetarische Hack:

800 g Tofu
250 g Champignons
5 Stiele Thymian
3 Zweige Rosmarin
2 Möhren
2 Zwiebeln
30 ml Sojasoße
etwas Öl
4 EL geriebener Gouda
1 EL Paprikapulver

etwas Fett für die Form

Nährwerte p. P.

538 kcal
53 g Kohlenhydrate
22 g Fett
26 g Eiweiß

1 Zunächst das Kartoffelpüree zubereiten. Hierfür die Kartoffeln schälen, in Stücke schneiden und in einen großen Topf füllen. Mit reichlich Wasser aufgießen, salzen und bei mäßiger Hitze für ca. 20 bis 25 Minuten kochen.

2 Nach Ende der Kochzeit die Kartoffeln in ein Sieb abgießen, abtropfen lassen und dann zurück in den Topf kippen. Nun die Milch und die Butter dazugeben und mit etwas Salz und Muskat würzen. Mit Hilfe eines Kartoffelstampfers zu einem Püree zerstampfen.

3 Als Nächstes die Zwiebeln und die Möhren schälen und beides sehr fein würfeln. Anschließend etwas Öl in eine Pfanne geben, erhitzen und das vorbereitete Gemüse darin anschwitzen. In der Zwischenzeit die Pilze putzen und vierteln sowie den Tofu sehr fein hacken. Beides zum Gemüse in die Pfanne geben und für weitere drei bis vier Minuten mit anbraten. Währenddessen den Thymian sowie den Rosmarin waschen, trocken tupfen und zum Gemüse-Tofu-Mix in die Pfanne geben. Alles gründlich vermengen und für etwa fünf Minuten bei schwacher Hitze garen.

4 Nach Ende der Garzeit die Kräuter aus der Pfanne nehmen und die Masse mit dem Paprikapulver bestäuben. Nun mit der Sojasoße übergießen und nochmals vermengen.

5 Als Nächstes den Backofen auf 180 °C Ober- und Unterhitze vorheizen und eine geeignete Form mit etwas Fett ausstreichen. Die Tofu-Gemüse-Masse in die Form füllen, mit dem Kartoffelpüree toppen und abschließend mit dem Käse bestreuen. Die Form in den Backofen schieben und für etwa 25 bis 30 Minuten backen.

6 Das fertige Hachi Parmentier mit Tofu aus dem Ofen nehmen, etwas abkühlen lassen und dann noch warm servieren.

(VEGANER, HERZHAFTER KUCHEN)

GALETTE VÉGÉTALIENNE

4 Port.

2 Std. 20 Min.

Leicht

Zutaten

350 g Kartoffeln
250 g Weizenmehl
125 g vegane Butter
75 g veganer Frischkäse
4 rote Zwiebeln
3 Zweige Thymian
2 Knoblauchzehen
4 EL Balsamico
2 EL Olivenöl
1 EL Olivenöl
1 EL Rohrzucker
1 EL Zucker
1 Prise Salz
etwas Fett für die Form

Nährwerte p. P.

700 kcal
77 g Kohlenhydrate
41 g Fett
10 g Eiweiß

1 Zunächst das Mehl in eine Schüssel füllen, den Zucker und das Salz dazugeben und alles vermischen. Nun die Butter flöckchenweise dazugeben und einarbeiten. Abschließend drei Esslöffel kaltes Wasser hinzufügen und den Teig zu einem Rechteck kneten. Den Teig in Backpapier einschlagen und für etwa 60 Minuten in den Kühlschrank geben.

2 Als Nächstes den Backofen auf 190 °C Ober- und Unterhitze vorheizen und eine Springform mit etwas Fett ausstreichen. Danach die Kartoffeln waschen und in sehr dünne Scheiben aufschneiden. Nun den Frischkäse in eine Schüssel füllen, mit einem Esslöffel Olivenöl verrühren und zwei Knoblauchzehen schälen und dazupressen. Nochmals umrühren.

3 Nun eine Arbeitsfläche mit etwas Mehl bestäuben, den Teig aus dem Kühlschrank nehmen, auspacken und nochmals durchkneten. Mit einem Nudelholz zu einem Kreis ausrollen (etwas größer als die Größe der vorbereiteten Springform) und diese in die Form legen. Dabei den Teigrand leicht an dem Rand der Form hochziehen und andrücken. Mit einer Gabel den Boden mehrfach einstechen. Nun den Frischkäse-Mix auf dem Teigboden verstreichen. Hierbei den Rand etwa 1 cm breit aussparen.

4 Im Anschluss die Kartoffelscheiben kreisförmig auf dem Boden verteilen. Hierbei erneut den Rand etwa 3 cm breit aussparen. Die Kartoffeln abschließend mit ein bis zwei Esslöffel Öl bepinseln.

5 Den hochgeklappten Teigrand nun von der Form lösen und in kleinen Falten auf den Teigboden drücken, sodass der Rand an die Kartoffeln angrenzt. Die Form in den Ofen schieben und für 35 bis 40 Minuten backen.

6 Kurz vor Ende der Backzeit die Zwiebeln schälen und in sehr schmale Ringe aufschneiden. Etwas Öl in eine Pfanne füllen, erhitzen und die Zwiebelringe bei mäßiger Hitze darin anschwitzen. Mit etwas Zucker bestreuen, leicht karamellisieren lassen und dann mit dem Balsamico ablöschen. Die Zwiebeln für drei bis vier Minuten leicht einkochen lassen.

7 Nach Ablauf der Backzeit die fertige vegane Galette aus dem Ofen nehmen und kurz abkühlen lassen. Vor dem Servieren mit den Zwiebeln toppen sowie mit etwas Meersalz und Thymian bestreuen. Anschneiden und direkt servieren.

(VEGANE QUICHE MIT CHAMPIGNONGS)

QUICHE VEGAN AUX CHAMIGNONS

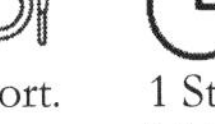

6 Port. | 1 Std. 5 Min. | Leicht

Zutaten

Für den Mürbeteig:
250 g Mehl
100 g pflanzliche Margarine
1 EL Wasser
½ TL Salz

Für die Füllung:
200 g Naturtofu
200 g braune Champignons
150 g Tomaten
50 g Blattspinat
20 g veganer Reibekäse
3 Knoblauchzehen
1 Zwiebel
200 ml Soja Cuisine
3 EL Hefeflocken
2 EL Öl
½ TL Salz
½ TL Backpulver
Je ⅓ TL Pfeffer, Kurkuma und Kala Namak Salz
⅓ TL Kurkuma
etwas Fett für die Form
Salz, Pfeffer

Nährwerte p. P.

436 kcal
43 g Kohlenhydrate
24 g Fett
12 g Eiweiß

1 Zunächst das Mehl in eine Schüssel füllen, mit dem Salz vermischen und die Margarine in kleinen Flocken hinzufügen. Das Wasser dazugeben und alles zu einem homogenen Teig verkneten. Den Teig in Frischhaltefolie einwickeln und für ca. 30 Minuten in den Kühlschrank legen.

2 In der Zwischenzeit den Backofen auf 180 °C Ober- und Unterhitze vorheizen und eine Spring- oder Tarteform mit etwas Fett ausstreichen.

3 Nach Ende der Kühlzeit eine Arbeitsfläche mit etwas Mehl bestäuben und den Teig darauf dünn zu einem Kreis ausrollen. Hierbei sollte der Teig etwas größer werden als die eigentliche Form. Den Teig in die vorbereite Form legen, am Rand den Teig etwas hochziehen und andrücken und dann die Form in den Ofen schieben. Den Boden für etwa 15 bis 20 Minuten backen. Nach Ende der Backzeit die Form aus dem Backofen nehmen und den Boden etwas abkühlen lassen.

4 Währenddessen den Tofu auspressen, mit einem Küchenpapier trocken tupfen und dann in einen Mixer geben. Mit der Soja Cuisine aufgießen, die Hefeflocken, das Backpulver und den Käse hinzufügen und Kurkuma, Kala Namak sowie Salz und Pfeffer dazugeben. Alles gründlich auf mittlerer Stufe zu einer feinen Creme pürieren.

5 Als Nächstes den Knoblauch und die Zwiebel schälen und fein hacken sowie die Tomaten waschen und halbieren.

Anschließend die Champignons putzen und vierteln. Danach den Spinat waschen und gründlich abtropfen lassen. Nun etwas Öl in eine Pfanne geben, die Zwiebeln zusammen mit dem Knoblauch darin bei mäßiger Hitze für ein bis zwei Minuten andünsten und erst dann die Champignons sowie die Tomaten dazugeben. Für weitere vier bis fünf Minuten anschwitzen und abschließend den Spinat mit in die Pfanne füllen. Nochmals für zwei bis drei Minuten dünsten, bis der Spinat zusammenfällt. Mit Salz und Pfeffer abschmecken

6 Zum Abschluss die Tofu-Creme auf dem vorgebackenen Boden verteilen, mit dem Gemüse-Mix toppen und leicht in die Creme drücken. Die Form erneut in den Ofen schieben und die Quiche für ca. 40 Minuten backen.

7 Nach Ende der Backzeit die fertige vegane Quiche mit Champignons aus dem Ofen nehmen, etwas abkühlen lassen und dann anschneiden und servieren.

(VEGETARISCHES RAGOUT)

VEGETAR ALICOT

4 Port.

2,5 Std.

Leicht

Zutaten

300 g Schwarzwurzeln
300 g Steinpilze
200 g vorgegarte Maronen
8 Möhren
1 EL Essig
½ TL Kampot-Pfeffer weiß
½ TL Buchen-Rauchsalz
Etwas Öl
Muskat

Für das Bouquet garni:
4 Zweige Thymian
4 Stiele Petersilie
2 Lorbeerblätter
1 Tasse Rotwein
100 ml Wasser
4 EL Tomatenmark

Nährwerte p. P.

402 kcal
34 g Kohlenhydrate
4 g Fett
24 g Eiweiß

1 Zunächst die Schwarzwurzeln schälen und in kleine Stücke schneiden. Anschließend in einen Topf geben, mit Wasser aufgießen und den Essig dazugeben. Bei mäßiger Hitze für ca. vier bis fünf Minuten garen. Anschließend in ein Sieb abgießen und abtropfen lassen.

2 Als Nächstes die Möhren schälen und in die gleiche Größe wie die Schwarzwurzeln schneiden und danach die Pilze putzen und in dicke Scheiben aufschneiden. Danach den Backofen auf 150 °C Umluft vorheizen und eine feuerfeste Form bereitstellen.

3 Nun etwas Öl in einen Topf geben, erhitzen und die Möhren bei mäßiger Hitze darin dünsten. Nach drei bis vier Minuten die Pilzscheiben hinzufügen und für weitere drei Minuten anschwitzen. Danach die vorgegarten Schwarzwurzeln sowie die Maronen mit in den Topf füllen, mit dem Tomatenmark verrühren und anschließend mit dem Rotwein ablöschen. Mit dem Wasser aufgießen, den Kampot-Pfeffer und das Buchen- Rauchsalz hinzugeben und dann das Bouquet garni mit in den Topf legen.

4 Das Gemüse bei starker Hitze aufkochen lassen und anschließend in die bereitgestellte Form umfüllen. Die Form in den Ofen schieben, mit einem passenden Deckel verschließen und das Gemüse für ca. zwei Stunden sanft garen.

5 Das fertige vegetarische Alicot aus dem Ofen nehmen, etwas abkühlen lassen und dann warm servieren.

(GEBACKENER HOKKAIDO MIT MARONEN)

HOKKAIDO AU FOUR AUX MARONS

4 Port.

45 Min.

Leicht

Zutaten

250 g vorgekochte Maronen
2 Schalotten
1 Ziegenkäse-Rolle
1 Nelke
1 Lorbeerblatt
1 Handvoll Haselnüsse
3 EL Olivenöl
1 EL Bratapfel-Gewürzmischung
1 Schuss Grand Marnier
Rosmarin, Thymian

Nährwerte p. P.

446 kcal
32 g Kohlenhydrate
30 g Fett
9 g Eiweiß

1 Zunächst den Backofen auf 180 °C Ober- und Unterhitze vorheizen. Im Anschluss die Schalotten schälen, in zwei Hälften teilen und in dünne Scheiben aufschneiden. Danach den Kürbis waschen und ebenfalls in dünne Scheiben schneiden.

2 Die Kürbis- und die Schalottenscheiben in eine Auflaufform legen, mit dem Olivenöl beträufeln und anschließend mit den Kräutern sowie dem Bratapfelgewürz bestreuen. Mit den Händen gründlich vermengen. Die Form in den Ofen schieben und das Gemüse für ca. 20 Minuten backen.

3 Nach Ende der Backzeit die Form aus dem Ofen nehmen und das Gemüse mit den Haselnüssen, den Maronen sowie dem Ziegenkäse belegen. Mit einem Schuss Marnier beträufeln und dann nochmals für 10 bis 15 Minuten im Ofen fertig garen.

4 Den fertig gebackenen Hokkaido mit Maronen aus dem Ofen nehmen, etwas abkühlen lassen und dann warm servieren.

(CROUSTADE MIT STEINPILZEN)

CROUSTADE AUX CEPES ET POMMES

 4 Port.

 50 Min.

 Leicht

Zutaten

300 g TK-Steinpilze
1200 g Butter
2 Schalotten
1 Apfel
1 Rolle Strudelteig
1 Lorbeerblatt
1 Nelke
2 Handvoll Walnüsse
1 Schuss Weißwein
Rosmarin
etwas Fett für die Form

Nährwerte p. P.

694 kcal
19 g Kohlenhydrate
46 g Fett
30 g Eiweiß

1 Zunächst den Backofen auf 180 °C Umluft vorheizen und anschließend die Pilze in ein Sieb geben und auftauen lassen. Währenddessen die Schalotten schälen und hacken sowie den Apfel schälen, das Kerngehäuse entfernen und dann würfeln. Nun 30 g Butter in eine Pfanne füllen, erhitzen und die Schalotten bei mäßiger Hitze darin anschwitzen. Nach ein bis zwei Minuten den Apfel dazugeben und mit andünsten.

2 Als Nächstes die Pilze mit in die Pfanne füllen, das Lorbeerblatt, die Nelke und den Rosmarin hinzufügen und einen Schuss Weißwein dazugeben. Alles für etwa vier bis fünf Minuten garen.

3 Die restliche Butter in einen kleinen Topf füllen und erhitzen. In der Zwischenzeit eine Tarte- oder Springform mit etwas Fett ausstreichen, den Strudelteig hineinlegen und diesen mit der geschmolzenen Butter bestreichen. Nun die Gemüse-Masse auf den Boden geben und gleichmäßig verteilen. Abschließend noch die Walnüsse hacken und über dem Gemüse verteilen.

4 Die Form in den Ofen schieben und die Croustade für 20 bis 25 Minuten backen

5 Nach Ende der Backzeit die fertige Croustade aus dem Backofen nehmen, kurz abkühlen lassen und dann aus der Form lösen. Anschneiden und noch warm servieren.

Snacks & Fingerfood

(BLÄTTERTEIGTARTELETTS MIT ZIEGENKÄSE)

TARTELETTES DE PÂTE FEUILLÉE AU CHÈVRE

4 Port.

35 Min.

Leicht

Zutaten

240 g Ziegenfrischkäse
140 g Blätterteig
80 g Salat nach Wahl
8 Schalotten
2 Eier
Olivenöl, Aceto Balsamico
Rohrzucker, Salz, Pfeffer

Nährwerte p. P.

481 kcal
20 g Kohlenhydrate
38 g Fett
13 g Eiweiß

1 Zunächst die Schalotten schälen, mittig zerteilen und anschließend in Scheiben schneiden. Nun etwas Olivenöl in eine Pfanne füllen, erhitzen und die Zwiebeln darin bei mäßiger Hitzezufuhr anbraten. Nach vier bis fünf Minuten mit etwas Zucker bestreuen und für weitere zwei Minuten leicht karamellisieren lassen.

2 Im Anschluss die Zwiebeln mit etwas Balsamico ablöschen und für drei bis vier Minuten bei mäßiger Hitze leicht einreduzieren lassen. Zum Abschluss mit etwas Salz und Pfeffer abschmecken.

3 Als Nächstes den Backofen auf 180 °C Ober- und Unterhitze vorheizen und eine Tarteletteform mit etwas Öl auspinseln. Nun die Eier in eine Schüssel geben, den Ziegenfrischkäse hinzufügen und kräftig verrühren. Zum Schluss mit Salz und Pfeffer würzen.

4 Nun den Blätterteig ausrollen und mit Hilfe einer Ausstechform oder einem Glas Kreise (ca. 12 cm Durchmesser) aus dem Teig ausstechen. Die Teigkreise mit Hilfe einer Gabel mehrfach einstechen und im Anschluss in die Mulden der vorbereiteten Tarteletteform legen.

5 Nun die karamellisierten Zwiebeln auf den Teigboden legen und mit der Ziegenkäsemasse toppen. Die befüllte Form in den Ofen schieben und die Tartelettes für etwa 20 Minuten goldgelb backen.

6 In der Zwischenzeit den Salat waschen, abtropfen lassen und bei Bedarf zerkleinern. Nach Ende der Backzeit die fertigen Blätterteigtartelettes mit Ziegenkäse aus dem Ofen nehmen, kurz abkühlen lassen und erst dann aus der Form lösen. Die Tartelettes auf etwas Salat anrichten und direkt servieren und genießen.

(MONTBÉLIARD-WURST IM BRIOCHEBROT)

SAUCISSE DE MONTBÉLIARD EN PAIN BRIOCHÉ

4 Port.

30 Min.

Leicht

Zutaten

300 g Mehl
160 g gesalzene Butter
5 g Trockenhefe
3 Eier
2 Montbéliard-Würste
100 ml lauwarme Milch
Eine Prise Salz

Für das Walnusspesto:
100 g Walnüsse
4 Zweige Petersilie
1 Knoblauchzehe
50 ml Walnussöl

Nährwerte p. P.

1111 kcal
58 g Kohlenhydrate
85 g Fett
26 g Eiweiß

1 Zunächst das Briochebrot vorbereiten. Hierfür die warme Milch in eine Schüssel füllen, die Hefe dazugeben und einrühren. Anschließend für zehn Minuten ruhen lassen.

2 In der Zwischenzeit das Mehl in eine zweite Schüssel füllen und mit dem Salz vermischen. Nun die Eier hinzufügen und flöckchenweise die Butter mit dazugeben. Danach den Milch-Hefe-Mix dazugießen und alle Zutaten zu einem homogenen Teig verkneten. Die Schüssel mit einem Küchentuch bedecken und den Teig für ca. 60 Minuten an einem warmen Ort gehen lassen.

3 Währenddessen einen Topf mit Wasser befüllen, aufkochen lassen und die Montbéliard-Würste darin für ca. 30 Minuten bei mäßiger Hitzezufuhr kochen. Nach Ablauf der Kochzeit die Wurst aus dem Wasser nehmen, mehrfach mit einem spitzen Messer einstechen, damit das Fett austreten kann, und dann abkühlen lassen.

4 Als Nächstes das Pesto herstellen. Dafür den Knoblauch schälen und die Petersilie waschen und trocken tupfen. Beides in einen Mixer füllen, die Walnüsse dazugeben und mit dem Walnussöl aufgießen. Nun für ca. eine Minute fein mixen.

5 Nun den Backofen auf 180 °C Ober- und Unterhitze vorheizen und eine Kastenform mit Butter ausstreichen sowie mit Mehl bestäuben.

6 Eine Arbeitsfläche mit Mehl bestreuen und den Teig nach Ablauf der Gehzeit darauflegen. Den Teig in zwei Hälften teilen und eine der Hälften in die Kastenform legen und leicht am Boden festdrücken. Nun die Montbéliard-Wurst auf den Teigboden legen und das Pesto um die Wurst herum verteilen. Die zweite Teighälfte auf die Größe der Kastenform ausrollen und die Wurst damit bedecken. Die Kastenform an einen warmen Ort stellen und nochmals für ca. 30 Minuten ruhen lassen.

7 Nach Ende der Gehzeit die Form in den Backofen schieben und für ca. 30 bis 35 Minuten goldbraun ausbacken.

8 Nach Ablauf der Backzeit die Form aus dem Ofen nehmen, das Brot etwas abkühlen lassen und dann aus der Form stürzen. Die fertige Montbéliard-Wurst im Briochebrot aufschneiden und wahlweise lauwarm oder kalt genießen.

(FRÜHLINGSQUICHE MIT SPARGEL)

QUICHE DE PRINTEMPS AUX ASPERGES

1 Port.

1 Std. 45 Min.

Leicht

Zutaten

Für den Teig:
200 g Mehl
130 g Butter
1 Eigelb
1 TL Backpulver
½ TL Salz

Für den Belag:
500 g grüner Spargel
250 g saure Sahne
150 g Räucherlachs
120 g geriebener Gouda
30 g Butter
5 Eier
1 Bund Frühlingszwiebeln
blühender Schnittlauch für die Garnitur
Salz, Pfeffer, Muskat

Nährwerte p. P.

3709 kcal
188 g Kohlenhydrate
270 g Fett
135 g Eiweiß

1 Zunächst das Mehl in eine große Schüssel füllen und mit dem Backpulver sowie dem Salz vermischen. Mittig eine kleine Vertiefung hineindrücken und das Eigelb hineingeben. Nun die Butter in kleinen Flöckchen rundherum verteilen und nun mit den Händen zu einem Teig verkneten. Hierbei von der Mitte ausgehend nach außen arbeiten. Im Anschluss den fertigen Teig in Frischhaltefolie einschlagen und für etwa 30 Minuten im Kühlschrank durchkühlen lassen.

2 In der Zwischenzeit den Backofen auf 180 °C Ober- und Unterhitze vorheizen und eine Tarte- oder Springform mit etwas Fett ausstreichen. Danach die Lauchzwiebeln putzen und in Ringe aufschneiden sowie den Spargel waschen, das untere Drittel schälen und die holzigen Enden abschneiden. Die Spargelstangen anschließend in ca. 5 cm lange Stücke zerteilen.

3 Als Nächstes die Butter in eine Pfanne füllen, erhitzen und die Lauchzwiebeln darin bei mäßiger Hitze andünsten. Nach zwei bis drei Minuten den Spargel dazugeben, kurz mit anbraten und dann die Pfanne vom Herd nehmen und beiseitestellen. Zum Schluss noch den Lachs in mundgerechte Stücke zerschneiden.

4 Nach Ende der Kühlzeit den Teig aus dem Kühlschrank nehmen, die Folie entfernen und eine Arbeitsfläche mit Mehl bestäuben.

5 Den Teig auf die Arbeitsfläche legen und zu einem Kreis von ca. 30 cm Durchmesser ausrollen. Den Teig in die vorbereitete Form legen und den Rand leicht andrücken. Danach die Eier in eine Schüssel aufschlagen, die saure Sahne hinzufügen und miteinander verrühren. Anschließend mit Muskat, Salz und Pfeffer würzen.

6 Nun ca. die Hälfte des Zwiebel-Spargel-Mix auf dem Teigboden verteilen und anschließend mit der Sahne-Ei-Mischung begießen. Mit dem restlichen Gemüse toppen und abschließend mit dem Lachs belegen sowie mit dem Gouda bestreuen.

7 Die Form in den Ofen schieben und die Quiche für ca. 35 bis 45 Minuten backen.

8 Nach Ende der Backzeit die fertige Frühlingsquiche aus dem Ofen nehmen, etwas abkühlen lassen und abschließend mit dem Schnittlauch garnieren. Die Quiche aufschneiden und noch heiß servieren.

(HERBSTLICHE GEBRATENE MARONEN)

MARONS FRITS D´AUTOMNE

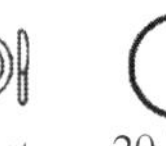

4 Port. 20 Min. Leicht

Zutaten

1 kg Maronen

Nährwerte p. P.

490 kcal
103 g Kohlenhydrate
5 g Fett
7 g Eiweiß

1 Zunächst mit Hilfe eines scharfen Messers ein Kreuz in die Maronen ritzen.

2 Als Nächstes eine Eisenpfanne auf eine Herdplatte stellen und die Pfanne erhitzen. Nun die vorbereiteten Maronen hineingeben und bei mäßiger Hitze anrösten. Zwischenzeitlich wenden.

3 Die Maronen sind fertig, sobald die Schale aufplatzt. Die fertigen Maronen nun aus der Pfanne nehmen, abkühlen lassen, schälen und dann genießen.

(HERZHAFTE QUICHE)

QUICHE LOURDE

10 Port.

1,5 Std.

Leicht

Zutaten

500 g Lauch
200 g Kräuterfrischkäse
120 g alter Gruyère
100 g Schwarzwälder Schinkenscheiben
4 Eier
1 Pck. Quiche-Teig
1 EL Butter
Salz, Pfeffer

Nährwerte p. P.

320 kcal
13 g Kohlenhydrate
23 g Fett
13 g Eiweiß

1 Zunächst den Lauch putzen, der Länge nach aufschneiden und anschließend in Streifen schneiden. Nun die Butter in eine Pfanne füllen, erhitzen und die Lauchstreifen darin bei mäßiger Hitze für ca. vier bis fünf Minuten anschwitzen. Im Anschluss die Pfanne vom Herd nehmen und beiseitestellen.

2 Als Nächstes den Schinken in ca. 1 cm breite Streifen schneiden und den Käse grob raspeln. Im Anschluss den Frischkäse in eine Schüssel füllen und mit Hilfe eines Schneebesens kräftig durchrühren. Nacheinander die Eier hinzufügen, untermischen und dann mit Salz und Pfeffer würzen. Zum Schluss den Lauch, den Schinken und ca. ⅓ des geriebenen Käses unterheben.

3 Nun den Backofen auf 200 °C vorheizen und eine Springform mit etwas Fett ausstreichen. Den fertigen Teig auspacken und in die vorbereitete Form legen. Mit Hilfe einer Gabel den Teigboden mehrfach einstechen und mit einem weiteren Drittel des Streukäses belegen.

4 Nun die Ei-Lauch-Masse auf dem Teigboden verteilen und mit dem restlichen Käse toppen. Den überstehenden Teig über die Füllung klappen und im Anschluss die Form in den vorgeheizten Backofen schieben. Hierbei die Form für ca. 20 Minuten auf einem Rost nah am Ofenboden backen und im Anschluss für weitere 25 Minuten in der Ofenmitte fertig backen.

5 Nach Ende der Backzeit die Quiche aus dem Ofen nehmen und für etwa 15 Minuten abkühlen lassen. Erst danach aus der Form lösen, in Stücke aufschneiden und noch warm servieren.

(WINDBEUTEL)

GOUGÈRES

30 Port.

30 Min.

Leicht

Zutaten

150 g Mehl
120 g Butter
100 g geriebenen Gruyère Käse
4 Eier
125 ml Wasser
125 ml Milch
1 Prise Salz
Muskatnuss, Pfeffer

Nährwerte p. P.

74 kcal
4 g Kohlenhydrate
5 g Fett
2 g Eiweiß

1 Zunächst die Milch sowie das Wasser in einen Topf geben, das Salz hinzufügen und bei schwacher Hitze erwärmen. Nun die Butter einrühren und bei hoher Hitzezufuhr aufkochen. Im Anschluss das Mehl dazugeben und kräftig einrühren, bis eine Art Teigklumpen entsteht, der sich leicht vom Topfboden löst. Den Teig in eine Schüssel umfüllen und kurz abkühlen lassen.

2 In der Zwischenzeit ein Backblech mit Backpapier auslegen und den Backofen auf 200 °C Ober- und Unterhitze vorheizen.

3 Als Nächstes portionsweise die Eier zu dem Teig geben und einarbeiten. Danach den Teig mit etwas Muskat und Pfeffer würzen und dann die Hälfte des Käses untermischen. Nun den Teig in einen Spritzbeutel umfüllen und kleine Häufchen auf das vorbereitete Backblech spritzen. Die Teighäufchen mit dem restlichen Käse bestreuen und anschließend das Blech in den Backofen schieben.

4 Die Gougères für ca. 15 bis 20 Minuten backen. Nach Ende der Backzeit das Blech aus dem Ofen nehmen, die Gougères kurz abkühlen lassen und dann vom Backpapier lösen und noch warm servieren.

(HERZHAFTE BUCHWEIZENPFANNKUCHEN)

GALETTE BRETONNE

8 Port.

35 Min.

Leicht

Zutaten

Für das Grundrezept:
130 g Buchweizenmehl
30 g flüssige Butter
2 Eier
300 ml Wasser
1 Prise Salz
Butter zum Backen

Für das Galette Bretonne:
150 g Gruyère Käse
8 Scheiben Schinken
8 Eier
Butter zum Backen
Salz, Pfeffer

Nährwerte p. P.

341 kcal
14 g Kohlenhydrate
22 g Fett
22 g Eiweiß

1 Zunächst den Teig zubereiten. Hierfür das Mehl in eine große Schüssel füllen, das Wasser sowie die geschmolzene Butter dazugeben und zusammen mit den Eiern und etwas Salz zu einem glatten Teig verrühren. Die Schüssel mit einem Küchenhandtuch abdecken und für etwa 30 Minuten ruhen lassen.

2 Nach Ende der Ruhezeit eine flache Pfanne auf die Herdplatte stellen, etwas Butter hineingeben und bei mäßiger Hitzezufuhr erwärmen. Nun eine Schöpfkelle (ca. 75 ml) Teig in die Pfanne füllen, verteilen und den Teig gleichmäßig für ca. zwei bis vier Minuten backen. Nun den Teig wenden, nochmals für zwei bis drei Minuten backen und anschließend auf einen Teller umfüllen. Auf diese Weise den Teig portionsweise verarbeiten und die fertigen Galette auf dem Teller stapeln.

3 Nachdem alle Galette gebacken sind, können diese weiter verarbeitet werden. Dafür einen Galette in die Pfanne geben, kurz erwärmen und anschließend mit etwas geriebenem Käse sowie einer Scheibe Schinken belegen. Ein Ei darüber aufschlagen, mit Salz und Pfeffer würzen und so lange braten, bis das Ei zu stocken beginnt. Die vier Teigränder jeweils zur Mitte hin einschlagen und den fertigen Galette Bretonne servieren.

(CRÊPE IN EINER ORANGENLIKÖR-ORANGENSAFT-SOßE)

CRÊPES SUZETTE

8 Port.

1,5 Std.

Mittel

Zutaten

350 g Milch
150 g Weizenmehl 550
20 g flüssige Butter
3 Eier
1 Prise Salz
Butter zum Backen

Für den Crêpes Suzette:
100 g Zucker
100 g Butter
1 Zitrone
1 Orange
60 ml Orangenlikör
optional: 20 ml Cognac
optionale Deko: 1 Orange in Scheiben geschnitten

Nährwerte p. P.

298 kcal
31 g Kohlenhydrate
16 g Fett
5 g Eiweiß

1 Zunächst den Teig zubereiten. Hierfür das Mehl in eine Schüssel füllen, die Milch, die flüssige Butter sowie die Eier und eine Prise Salz hinzufügen und alles zusammen zu einem glatten Teig verrühren. Die Schüssel mit einem Küchenhandtuch abdecken und für etwa 30 Minuten ruhen lassen.

2 Als Nächstes etwas Butter in eine flache Pfanne füllen und bei mäßiger Hitze heiß werden lassen. Mit Hilfe einer Schöpfkelle etwas Teig (ca. 75 ml) in die Pfanne füllen, verteilen und für etwa zwei bis vier Minuten backen. Anschließend vorsichtig wenden und nochmals für etwa zwei Minuten backen. Den fertigen Crêpe auf einen Teller legen. Den restlichen Teig auf diese Weise verarbeiten und die fertigen Crêpes auf dem Teller stapeln.

3 Als Nächstes die Orange sowie die Zitrone mit heißem Wasser gründlich waschen und trockenreiben. Nun die Schale in Zesten abschneiden und im Anschluss die Früchte halbieren und den Saft herauspressen. Nun die Butter in einen kleinen Topf füllen, erhitzen und den Zucker einrühren, bis dieser zu karamellisieren beginnt. Die Zesten sowie den Saft dazugeben und kurz unter Rühren aufkochen lassen. Abschließend die Hälfte des Orangenlikörs untermischen.

4 Danach einen Crêpe in die Pfanne legen und kurz von beiden Seiten erhitzen. Im Anschluss zwei bis drei Esslöffel vom selbstgemachten Orangensirup darüberträufeln und den Crêpe dann erst mittig zusammenklappen und dann nochmals einschlagen. Den gefalteten Crêpe auf einen Teller geben, nochmals mit etwas Sirup toppen sowie etwas vom restlichen Orangenlikör darüberträufeln. Mit einer Orangenscheibe dekorieren und servieren.

Optional: Wer mag, kann noch etwas Cognac über den Crêpe geben und diesen anzünden.

(OFEN-EIER)

OEUFS COCOTTE

2 Port.

15 Min.

Leicht

Zutaten

80 g frischer Spinat
10 g Butter
2 Eier
1 Schalotte
2 EL Crème fraîche
2 EL Parmesan
1 Prise Muskatnuss
1 Schuss Weißwein
Salz, Pfeffer

Nährwerte p. P.

194 kcal
3 g Kohlenhydrate
16 g Fett
8 g Eiweiß

1 Zunächst den Backofen auf 160 °C Umluft vorheizen. Anschließend die Schalotte schälen und in dünne Scheiben schneiden. Danach die Butter in einen kleinen Topf füllen, erhitzen und die Schalotte darin bei müßiger Hitze andünsten. Nach etwa zwei bis drei Minuten den Spinat hinzufügen, kurz mit andünsten und nach ca. zwei Minuten mit dem Weißwein ablöschen.

2 Als Nächstes den Zwiebel-Spinat-Mix in zwei kleine, feuerfeste Schälchen füllen und mit je einem Esslöffel Crème fraîche toppen. Anschließend mit einer Prise Muskatnuss sowie Salz und Pfeffer bestreuen und die Crème fraîche mit dem Spinat vermengen. Zum Schluss jeweils ein Ei darüber aufschlagen und je einem Esslöffel Parmesan bestreuen.

3 Die Schälchen in den Backofen schieben und für ca. sieben bis zehn Minuten backen, sodass das Ei zu stocken beginnt und das Eigelb jedoch leicht flüssig bleibt.

4 Die fertigen Oeufs Cocotte aus dem Ofen nehmen, kurz abkühlen lassen und dann noch heiß servieren und genießen.

(MINITÖRTCHEN)

CANNELÉS

8 Port.

35 Min.

Leicht

Zutaten

100 g Ziegenkäse-Rolle
90 g Mehl
30 g flüssige Butter
3 EL getrocknete Tomaten in Öl
1 Ei
1 Eigelb
150 ml Milch
Rosmarin
Salz, Pfeffer

Nährwerte p. P.

145 kcal
10 g Kohlenhydrate
9 g Fett5 g Eiweiß

1 Zunächst den Backofen auf 210 °C Ober- und Unterhitze vorheizen. Nun das Mehl in eine Schüssel füllen und das Ei sowie das Eigelb dazugeben. Danach die flüssige Butter sowie die Milch hinzugießen und mit dem Rosmarin sowie Salz und Pfeffer vermischen.

2 Als Nächstes die Tomaten abgießen und zerkleinern sowie den Ziegenkäse in kleine Stücke schneiden. Beides mit in die Schüssel füllen und mit dem Teig vermengen. Den Teig in acht Cannelés-Förmchen füllen und diese in den Ofen schieben. Für etwa zehn Minuten bei 210 °C backen. Im Anschluss die Hitzezufuhr auf 180 °C reduzieren und die Cannelés für ca. 20 bis 30 Minuten fertig backen.

3 Nach Ende der Backzeit die Förmchen aus dem Ofen nehmen, kurz abkühlen lassen und dann die fertigen Cannelés noch warm servieren.

Desserts

(KIRSCHAUFLAUF)

CLAFOUTIS

1 Port.

1,5 Std.

Leicht

Zutaten

500 g frische dunkelrote Kirschen
125 g Zucker
80 g Mehl
80 g Butter
4 Eier
1 Pck. Vanillezucker
250 ml Milch
2 EL Kirschwasser
2 EL Puderzucker
Salz

Nährwerte p. P.

2238 kcal
292 g Kohlenhydrate
99 g Fett
39 g Eiweiß

1 Zunächst den Backofen auf 200 °C Ober- und Unterhitze vorheizen und eine Tarteform mit etwas Butter ausstreichen.

2 Als Nächstes die Butter in einen kleinen Topf füllen und bei schwacher Hitze schmelzen lassen. In der Zwischenzeit die Kirschen in die vorbereitete Backform füllen und verteilen.

3 Nun die Eier in eine Rührschüssel aufschlagen, den Zucker sowie den Vanillezucker und eine Prise Salz hinzufügen und alles mit Hilfe eines Schneebesens schaumig verquirlen. Im Anschluss das Mehl dazusieben und untermischen. Danach die geschmolzene Butter sowie die Milch und das Kirschwasser dazugießen und alles mit einem Handrührgerät zu einem glatten Teig rühren.

4 Den fertigen Teig nun über die Kirschen in der Backform gießen, glattstreichen und dann die Form in den Ofen geben. Für ca. 35 bis 45 Minuten backen.

5 Nach Ende der Backzeit die Form aus dem Ofen nehmen, den Kirschauflauf kurz abkühlen lassen und erst dann mit dem Puderzucker bestäuben. Die fertige Clafoutis warm oder kalt servieren und genießen.

(VANILLE-SOUFFLE)

SOUFFLE A LA VANILLE

4 Port.

50 Min.

Mittel

Zutaten

80 g Zucker
50 g Mehl
10 g Vanilleextrakt
4 Eier
300 ml warme Milch
1 EL Butter
Puderzucker
frische Beeren nach Wahl
Salz

Nährwerte p. P.

250 kcal
35 g Kohlenhydrate
9 g Fett
7 g Eiweiß

1 Zunächst vier Souffléförmchen mit der Butter ausstreichen und mit etwas Zucker ausstreuen. Danach den Backofen auf 190 °C Ober- und Unterhitze vorheizen. Anschließend die Milch in einen Topf füllen und bei schwacher Hitze erwärmen sowie die Eier aufschlagen und trennen. Die Eigelbe in einen zweiten Topf füllen, 40 g Zucker hinzufügen und mit Hilfe eines Schneebesens schaumig aufschlagen. Im Anschluss das Mehl dazusieben und untermischen.

2 Als Nächstes ca. ? der warmen Milch hinzugießen, kräftig einrühren und erst danach das restliche Mehl dazugeben. Den Topf auf die bereits warme Herdplatte stellen und das Gemisch bei mäßiger Hitze unter Rühren kurz aufkochen lassen. Nach zwei bis drei Minuten beginnt die Masse einzudicken. Den Topf von der Herdplatte ziehen und das Vanilleextrakt untermischen. Die angedickte Masse nun in eine große Schüssel umfüllen und abkühlen lassen.

3 In der Zwischenzeit das Eiweiß in ein hohes Gefäß füllen, eine Prise Salz hinzufügen und mit Hilfe eines Handrührgeräts zu Eischnee aufschlagen. Nun den restlichen Zucker einrieseln lassen und währenddessen stetig weiterrühren. Den gesüßten Eischnee nun vorsichtig unter die abgekühlte Teigmasse heben und gründlich einarbeiten.

4 Die Teigmasse nun in die vorbereiteten Souffléförmchen füllen (bis ca. 1,5 cm unter den Rand) und diese auf ein Backblech stellen. Das Blech in den vorgeheizten Backofen schieben, die Soufflés für ca. 25 bis 30 Minuten backen und währenddessen den Backofen geschlossen halten.

5 Nach Ende der Backzeit die Soufflés aus dem Ofen nehmen, etwas abkühlen lassen und im Anschluss mit Puderzucker bestäuben und mit den frischen Beeren garnieren. Noch warm servieren und direkt genießen.

(KLEINE KÜCHLEIN)

MACARONS

12 Port.

2 Std.

Mittel

Zutaten

75 g Puderzucker
45 g gemahlene Mandeln
36 g Eiweiß
10 g Zucker
etwas Lebensmittelfarbpaste nach Belieben

Für die Ganache:
100 g weiße Schokolade
50 g Sahne

Nährwerte p. P.

109 kcal
13 g Kohlenhydrate
6 g Fett
2 g Eiweiß

1 Zunächst die gemahlenen Mandeln sowie den Puderzucker in einen Mixer füllen und fein mahlen. Anschließend die Mandel-Zucker-Mischung zweimal durch ein feines Sieb sieben.

2 Als Nächstes das Eiweiß in ein hohes Gefäß füllen und mit Hilfe eines Handrührgeräts aufschlagen. Sobald das Eiweiß schaumig wird, den Zucker einrieseln lassen und weiterrühren, bis das Eiweiß steif wird. Nun die Lebensmittelfarbe hinzufügen und gründlich einarbeiten.

3 Den gefärbten Eischnee in eine große Rührschüssel umfüllen und in drei Portionen den Mandel-Zucker-Mix untermischen. Die Masse sollte zum Schluss zähflüssig aber glänzend sein. Die fertige Teigmasse nun einen Spritzbeutel mit Lochtülle umfüllen und ein Backblech mit Backpapier auslegen.

4 Nun mit Hilfe des Spritzbeutels kleine, gleichmäßige Kreise (ca. 2 cm Durchmesser) auf das vorbereitete Blech spritzen. Das Blech anschließend an einen ruhigen Ort stellen und die Macarons für ca. 30 Minuten trocknen lassen.

5 Währenddessen den Backofen auf 150 °C Ober- und Unterhitze vorheizen. Nach Ende der Trockenzeit die Temperatur im Ofen auf 145 °C reduzieren, das Blech in den Ofen schieben und die Macarons für ca. 12 bis 14 Minuten backen.

6 Nach Ende der Backzeit das Blech aus dem Ofen nehmen und die Macarons samt Backpapier auf die Arbeitsfläche ziehen und vollständig abkühlen lassen.

7 In der Zwischenzeit die weiße Schokolade fein hacken und in eine Schüssel füllen. Anschließend die Sahne in einen kleinen Topf gießen und unter Rühren erhitzen. Die heiße Sahne nun über die gehackte Schokolade gießen, für zwei Minuten ruhen lassen und erst danach kräftig umrühren. Die fertige Ganache abkühlen lassen und im Anschluss für mindestens eine Stunde in den Kühlschrank geben.

8 Nach Ende der Kühlzeit die Ganache mit Hilfe eines Handrührgeräts für ca. drei bis fünf Minuten hell aufschlagen. Nach Belieben mit Lebensmittelfarbe einfärben oder weiß lassen und die Ganache anschließend in einen Spritzbeutel füllen. Die Macarons vom Backpapier lösen und je eine Schale mit etwas Ganache bespritzen und anschließend mit einer zweiten Macaronschale bedecken.

9 Leicht zusammendrücken, jedoch aufpassen, dass die Macarons nicht zerbrechen. Die fertigen Macarons im Kühlschrank lagern und erst kurz vor dem Servieren herausnehmen und dann bei Zimmertemperatur genießen.

(TAUSEND BLÄTTER)

MILLE FEUILLE

6 Port.

4 Std.
5 Min.

Leicht

Zutaten

250 g gemischte Beeren
60 g Zucker
3 Blätter Gelatine
1 Pck. Vanillepuddingpulver
1 Pck. Blätterteig aus dem Kühlregal
450 ml Milch
2 EL Puderzucker

Nährwerte p. P.

240 kcal
31 g Kohlenhydrate
11 g Fett
3 g Eiweiß

1 Zunächst die Füllung für die Mille Feuille zubereiten. Hierfür das Puddingpulver in eine Schüssel füllen, den Zucker hinzufügen und vermischen. Etwa drei bis vier Esslöffel der Milch dazugeben und gründlich verrühren. Die restliche Milch in einen Topf füllen und bei mäßiger Hitze unter Rühren aufkochen lassen.

2 Nun die vorbereitete Puddingcreme in die heiße Milch einrühren und für weitere ein bis zwei Minuten kochen lassen. Im Anschluss den Topf vom Herd nehmen, den Pudding in eine Schüssel umfüllen und die Oberfläche mit Frischhaltefolie bedecken, damit sich keine Haut auf dem Pudding bilden kann. Für ca. drei bis vier Stunden abkühlen lassen.

3 Währenddessen die Böden zubereiten. Dafür zunächst den Backofen auf 200 °C Ober- und Unterhitze vorheizen und ein Backblech mit Backpapier auslegen. Nun den Blätterteig ausrollen und mit Hilfe einer Gabel mehrfach einstechen. Im Anschluss den Teig in zwölf Rechtecke (ca. 9 x 5 cm) zerschneiden und die Teigrechtecke auf das vorbereitete Backblech legen.

4 Das Blech in den Backofen schieben und die Teigböden für ca. 20 Minuten goldbraun ausbacken. Nach Ende der Backzeit das Blech aus dem Ofen nehmen und die Böden abkühlen lassen.

5 Als Nächstes die Frischhaltefolie vom abgekühlten Pudding entfernen und die Masse mit einem Schneebesen gründlich umrühren.

6 Anschließend das Gelantinefix hinzufügen, nochmals kräftig durchrühren und anschließend die Puddingmasse in einen Spritzbeutel umfüllen. Auf je sechs der zwölf Teigböden nun gleichmäßig kleine Puddingtupfen spritzen und anschließend mit je einem unbespritzten Teigboden belegen.

7 Vorsichtig andrücken, ohne die Tupfen dabei zu zerdrücken. Die Oberflächen der Mille Feuille nun mit der restlichen Puddingcreme dekorativ bespritzen und anschließend mit den frischen Beeren dekorieren sowie mit etwas Puderzucker bestäuben.

8 Die fertigen Mille Feuille bis zum Servieren kühl lagern und später dann genießen.

CRÈME BRÛLÉE

8 Port.

1 Tag

Leicht

Zutaten

220 g Zucker
40 g Rohrzucker
10 Eigelbe
1 Vanilleschote
1 l Sahne

Nährwerte p. P.

533 kcal
37 g Kohlenhydrate
40 g Fett
7 g Eiweiß

1 Zunächst die Vanilleschote der Länge nach aufschneiden und das Mark herauskratzen. Danach die Sahne in einen Topf gießen und das Vanillemark sowie die leeren Schotenhälften dazugeben. Bei mäßiger Hitzezufuhr die Sahne erhitzen, ohne dass sie dabei aufkocht. Sobald die Sahne heiß ist, die Schotenhälften aus dem Topf nehmen und den Topf vom Herd nehmen.

2 Als Nächstes Eigelb in eine Schüssel füllen, den Zucker dazugeben und mit Hilfe eines Schneebesens schaumig aufschlagen. Danach die warme Sahne dazugießen und vorsichtig einrühren.

3 Nun den Backofen auf 100 °C Umluft vorheizen und die Sahnemasse in acht kleine, feuerfeste Förmchen füllen. Die Förmchen auf ein Backblech stellen, das Blech in den Ofen schieben und die Crème brûlée für etwa 1 Stunde und 15 Minuten backen. Währenddessen den Backofen nicht öffnen.

4 Nach Ende der Backzeit das Blech aus dem Ofen nehmen und die Crème vollständig abkühlen lassen. Im Anschluss die Förmchen über Nacht im Kühlschrank lagern.

5 Kurz vor dem Servieren die Förmchen aus dem Kühlschrank nehmen, die Oberflächen mit braunem Zucker bestreuen und wahlweise mit einem Brenner oder unter der Grillfunktion des Backofens karamellisieren lassen. Direkt servieren und genießen.

(SCHWIMMENDE INSEL)

ILE FLOTTANTE

4 Port. 1 Std. Leicht

Zutaten

Crème anglaise:
125 g Zucker
4 Eigelbe
1 Vanilleschote
50 ml Milch

Karamellsoße:
250 g Zucker
140 g Wasser

Eischneebällchen:
30 g Zucker
4 Eiweiß
50 ml Wasser
25 ml Milch
2 EL Mandelblättchen

Nährwerte p. P.

455 kcal
76 g Kohlenhydrate
12 g Fett
11 g Eiweiß

1 Zunächst die Crème anglaise zubereiten. Hierfür die Vanilleschote der Länge nach aufschneiden und das Mark herauskratzen. Danach die Milch in einen Topf gießen und das Vanillemark sowie die leeren Schotenhälften dazugeben. Bei mäßiger Hitzezufuhr und unter Rühren aufkochen lassen und anschließend die Schotenhälften aus der heißen Milch nehmen.

2 Als Nächstes die Eigelbe in eine Schüssel füllen, den Zucker dazugeben und mit Hilfe eines Schneebesens schaumig aufschlagen. Danach die warme Milch dazugießen und vorsichtig einrühren. Die Masse nun zurück in den Topf gießen und nochmals bei mäßiger Hitze unter Rühren aufkochen lassen, bis die Soße etwas andickt. Nun den Topf von der Herdplatte nehmen, für ca. 30 Sekunden weiterrühren und anschließend die Oberfläche mit Frischhaltefolie bedecken und abkühlen lassen.

3 Als Nächstes die Karamellsoße zubereiten. Dafür ca. ¼ des Zuckers in eine Pfanne geben und bei mäßiger Hitzezufuhr schmelzen lassen. Hierbei die Pfanne lediglich schwenken und nicht umrühren. Sobald der Zucker geschmolzen ist, drei weitere Esslöffel Zucker hinzufügen und ebenfalls schmelzen lassen. Auf diese Weise portionsweise den Zucker dazugeben und schmelzen lassen.

4 Nachdem der gesamte Zucker geschmolzen ist, die Zuckermasse noch ein paar Sekunden erhitzen, sodass dieser leicht zu karamellisieren beginnt.

5 Im Anschluss die Pfanne vom Herd nehmen, mit dem Wasser ablöschen und kräftig umrühren. Danach die Pfanne zurück auf die Herdplatte stellen und die Masse sirupartig einkochen lassen. Die fertige Karamellsoße vom Herd nehmen und vollständig abkühlen lassen.

6 Währenddessen die Schneebälle herstellen. Dafür zunächst das Eiweiß in ein hohes Gefäß geben und mit Hilfe eines Handrührgeräts zu Eischnee steif aufschlagen. Im Anschluss langsam den Zucker hinzufügen und währenddessen stetig weiterschlagen. Danach das Wasser und die Milch in einen Topf füllen und bei starker Hitzezufuhr aufkochen lassen.

7 Portionsweise je einen Esslöffel der Eischneemasse in das kochende Milch-Wasser-Gemisch geben und für ca. eine Minute je Seite garen. Im Anschluss den Schneeball mit Hilfe einer Schaumkelle aus dem Topf entnehmen und auf einen Teller legen. Auf diese Weise mit der gesamten Eischnee-Masse verfahren.

8 Nun das Dessert anrichten. Hierfür die Crème anglaise in vier kleine Dessertschalen füllen und die Schneebällchen gleichmäßig auf die Schälchen verteilen. Abschließend mit der Karamellsoße toppen sowie mit einigen Mandelblättern garnieren.

9 Die fertigen Ile flottante direkt servieren und genießen.

(ERDBEERKUCHEN)

CLAFOUTIS AUX FRAISES

4 Port.

45 Min.

Leicht

Zutaten

450 g Erdbeeren
85 g Mehl
50 g + 1 EL Zucker
2 Eier
240 ml Milch
1½ TL Vanilleextrakt
¼ TL Salz
Butter

Nährwerte p. P.

263 kcal
43 g Kohlenhydrate
6 g Fett
8 g Eiweiß

1 Zunächst den Backofen auf 180 °C Ober- und Unterhitze vorheizen und eine Tarteform mit etwas Butter ausstreichen. Anschließend die Erdbeeren waschen, das Grün entfernen und in dicke Scheiben schneiden. Die Erdbeerscheiben in eine kleine Schüssel füllen, einen Esslöffel Zucker dazugeben und vorsichtig vermengen. Zum Schluss die Erdbeeren in die vorbereitete Backform füllen und verteilen.

2 Nun die Eier in eine Rührschüssel aufschlagen, den restlichen Zucker sowie das Vanilleextrakt und eine Prise Salz hinzufügen und alles mit Hilfe eines Schneebesens schaumig verquirlen. Im Anschluss das Mehl dazusieben und untermischen. Danach die Milch dazugießen und alles mit einem Handrührgerät zu einem glatten Teig rühren.

3 Den fertigen Teig nun über die Erdbeeren in die Backform gießen, glattstreichen und dann die Form in den Ofen geben. Für ca. 30 bis 35 Minuten backen.

4 Nach Ende der Backzeit die Form aus dem Ofen nehmen, den Erdbeerkuchen kurz abkühlen lassen und erst dann mit dem Puderzucker bestäuben. Die fertige Clafoutis warm oder kalt servieren und genießen.

(ZITRONENKUCHEN)

TARTE AU CITRONE

1 Port.

1,5 Std.

Leicht

Zutaten

Für den Mürbteig:
220 g Mehl
110 g Butter
60 g Zucker
1 Ei
1 Prise Salz

Für den Belag:
150 g Zucker
100 g Butter
5 Eier
3 Zitronen
2 TL Speisestärke

Nährwerte p. P.

3605 kcal
380 g Kohlenhydrate
206 g Fett
51 g Eiweiß

1 Zunächst den Mürbeteig zubereiten. Hierfür das Mehl, den Zucker sowie das Salz in eine Schüssel geben und kurz miteinander vermischen. Anschließend die Butter flöckchenweise dazugeben und das Ei hinzufügen. Alle Zutaten mit Hilfe eines Handrührgeräts mit Knethaken zu einem glatten Teig verkneten.

2 Anschließend den Teig nochmals kurz mit den Händen durchkneten, zu einer Kugel formen und in Frischhaltefolie einschlagen. Die Teigkugel für ca. 30 Minuten im Kühlschrank kaltstellen.

3 Währenddessen den Backofen auf 175 °C Ober- und Unterhitze vorheizen, ein Tarteform mit Butter ausstreichen und eine Arbeitsfläche mit etwas Mehl bestäuben.

4 Nach Ende der Kühlzeit den Teig aus dem Kühlschrank nehmen, die Folie entfernen und den Teig auf der vorbereiteten Arbeitsfläche ausrollen. Hierbei sollte der Teig in etwa der Größe der Tarteform (inklusive des Randes) ausgerollt werden. Nun den Teig in die vorbereitete Form legen, den Rand leicht andrücken und bei Bedarf überstehenden Teig an der Kante entlang mit einem scharfen Messer abschneiden. Den Teigboden mit Hilfe einer Gabel mehrfach einstechen und im Anschluss die Form für ca. zwölf Minuten in den Ofen geben.

5 In der Zwischenzeit die Creme herstellen. Dafür die Zitronen mit heißem Wasser gründlich waschen, trockenreiben und anschließend die Schale mit Hilfe einer Reibe fein raspeln.

6 Anschließend die Zitronen halbieren, den Saft herauspressen und auffangen. Etwa 150 ml Zitronensaft in einen Topf füllen, den Abrieb hinzugeben und dann den Zucker sowie die Stärke einrühren. Bei mäßiger Hitze aufkochen lassen und erst dann die Butter in kleinen Flocken dazugeben und einrühren.

7 Danach die Eier aufschlagen und kurz verquirlen. Nun die Hitzezufuhr reduzieren und erst dann die Ei-Masse mit Hilfe eines Schneebesens langsam unterziehen. Nun für etwa fünf bis sieben Minuten unter Rühren eindicken lassen. Zwischenzeitlich umrühren und dabei darauf achten, dass die Masse nicht kochen darf.

8 Nach Ende der Backzeit die Tarteform aus dem Ofen nehmen und die vorbereitete Zitronencreme auf den vorgebackenen Boden gießen. Nun die Backform zurück in den Ofen geben und die Tarte für weitere 15 bis 20 Minuten backen.

9 Nach Ablauf der Backzeit die Tarte au Citron aus dem Ofen nehmen, abkühlen lassen und zum Schluss in Stücke schneiden und servieren.

(APFELKUCHEN)

TARTE TATIN

6 Port.

35 Min.

Leicht

Zutaten

Für die Füllung:
90 g Zucker
50 g Butter
50 g Crème fraîche
3 Äpfel
1 Prise Salz

Für den Mürbteig:
220 g Mehl
110 g Butter
60 g Zucker
1 Ei
1 Prise Salz

Nährwerte p. P.

355 kcal
40 g Kohlenhydrate
20 g Fett
2 g Eiweiß

1 Zunächst den Mürbeteig zubereiten. Hierfür das Mehl, den Zucker sowie das Salz in eine Schüssel geben und kurz miteinander vermischen. Anschließend die Butter flöckchenweise dazugeben und das Ei hinzufügen. Alle Zutaten mit Hilfe eines Handrührgeräts mit Knethaken zu einem glatten Teig verkneten.

2 Anschließend den Teig nochmals kurz mit den Händen durchkneten, zu einer Kugel formen und in Frischhaltefolie einschlagen. Die Teigkugel für ca. 30 Minuten im Kühlschrank kaltstellen.

3 Währenddessen den Backofen auf 220 °C Ober- und Unterhitze vorheizen, ein Tarteform mit Butter ausstreichen und eine Arbeitsfläche mit etwas Mehl bestäuben.

4 Nach Ende der Kühlzeit den Teig aus dem Kühlschrank nehmen, die Folie entfernen und den Teig auf der vorbereiteten Arbeitsfläche ausrollen. Hierbei sollte der Teig in etwa der Größe der Tarteform (inklusive des Randes) ausgerollt werden.

5 Als Nächstes die Füllung herstellen. Dafür die Äpfel schälen, die Kerngehäuse entfernen und dann in Scheiben schneiden. Nun den Zucker in eine Pfanne füllen, eine Prise Salz dazugeben und bei mäßiger Hitze schmelzen lassen. Die Pfanne vom Herd nehmen, die Butter dazugeben und vorsichtig einrühren.

6 Als Nächstes die Apfelscheiben in das Karamell geben und vorsichtig vermengen. Im Anschluss die karamellisierten Apfelscheiben in die vorbereitete Form geben, mit dem Mürbeteig zudecken und andrücken. Die Form in den Backofen schieben und die Tarte für ca. 20 Minuten backen.

7 Nach Ende der Backzeit die Form aus dem Ofen nehmen und etwas abkühlen lassen. Anschließend die Tarte Tatin vorsichtig auf einen Teller stürzen, aufschneiden und noch warm mit etwas Crème fraîche servieren.

(SCHOKOLADENMOUSSE)

MOUSSE AU CHOCOLAT

4 Port.

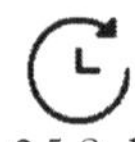
2,5 Std.

Mittel

Zutaten

200 g Zartbitterschokolade + etwas geraspelte Schokolade zum Dekorieren
5 Eier
1 Pck. Vanillezucker
200 ml Sahne
5 EL Wasser
3 EL Zucker
2 EL Cognac
2 TL Kaffeepulver
1 Prise Salz

Nährwerte p. P.

548 kcal
43 g Kohlenhydrate
35 g Fett
10 g Eiweiß

1 Zunächst die Schokolade hacken, in einen Topf füllen und das Kaffeepulver sowie das Wasser dazugeben. Bei schwacher Hitze und unter Rühren zum Schmelzen bringen lassen. Im Anschluss den Topf von der Herdplatte nehmen und die Schokoladenmasse etwas abkühlen lassen.

2 Währenddessen die Eier aufschlagen, die Eigelbe in eine Schüssel füllen und den Zucker sowie den Cognac hinzufügen. Mit Hilfe eines Schneebesens schaumig schlagen und erst dann die Schokoladenmasse unterheben.

3 Als Nächstes das Eiweiß in ein hohes Gefäß geben und mit einer Prise Salz zu Eischnee aufschlagen. Im Anschluss die Sahne in ein zweites Gefäß geben und ebenfalls steifschlagen.

4 Abschließend erst die Sahne und dann den Eischnee unter die Schokoladenmasse heben und vorsichtig einarbeiten. Die Creme auf vier Schälchen verteilen, in den Kühlschrank geben und für mindestens zwei Stunden durchkühlen lassen.

5 Nach Ende der Kühlzeit die fertige Mousse au Chocolat aus dem Kühlschrank nehmen, mit der geraspelten Schokolade bestreuen und servieren.

Aufstriche, Dips und Soßen

(OLIVENPASTE)

TAPENADE

4 Port.

35 Min.

Leicht

Zutaten

220 g Oliven
130 g eingelegte Kapern
50 g Anchovis aus dem Glas
3 Thymianstiele
1 Knoblauchzehe
100 ml Olivenöl
1 TL Pfefferkörner

Nährwerte p. P.

746 kcal
2 g Kohlenhydrate
81 g Fett
3 g Eiweiß

1 Zunächst die Anchovis abspülen, abtropfen lassen und mit einem Küchenpapier abtupfen. Anschließend die Kapern abgießen und ebenfalls abtropfen lassen. Währenddessen den Knoblauch schälen und in dünne Scheiben aufschneiden sowie die Pfefferkörner zerstoßen. Abschließend noch den Thymian waschen, trocken schütteln und hacken.

2 Nun die vorbereiteten Zutaten in ein hohes Gefäß füllen und mit Hilfe eines Pürierstabs fein pürieren.

3 Zum Abschluss das Olivenöl langsam unterziehen und die fertige Tapenade in eine Servierschüssel umfüllen. Direkt servieren und genießen.

(SCHMALZFLEISCH)

RILLETTE

1 Port.

25 Min.

Leicht

Zutaten

etwas Braten (vorzugsweise die Reste) beispielsweise Gans, Ente oder Schwein
etwas Schmalz
1 bis 2 Wacholderbeeren
1 bis 2 Pimentkörner
2 bis 3 Lorbeerblätter
etwas Thymian oder Majoran
Salz, Pfeffer

Nährwerte p. P.

1006 kcal
0 g Kohlenhydrate
102 g Fett
22 g Eiweiß

1 Zunächst den Bratenrest grob auseinanderzupfen bzw. schneiden und in einen Topf füllen. Anschließend die Wacholderbeeren, die Pimentkörner und wahlweise den Thymian oder Majoran hinzufügen.

2 Nun mit Schmalz auffüllen, sodass das Fleisch ebenso bedeckt ist. Bei mäßiger Hitzezufuhr sanft zum Köcheln bringen und dann mit Salz und Pfeffer würzen. Nach 10 bis 15 Minuten in ein Einmachglas umfüllen und mit den Lorbeerblättern belegen und komplett auskühlen lassen.

3 Die fertige Rillette servieren und direkt genießen.

(ROSTIGE SOßE)

SAUCE ROUILLE

4 Port.

15 Min.

Leicht

Zutaten

6 Knoblauchzehen
4 Eigelbe
100 ml Olivenöl
2 EL Dijon-Senf
Safran
edelsüßes Paprikapulver
Pfeffer

Nährwerte p. P.

316 kcal
4 g Kohlenhydrate
32 g Fett
4 g Eiweiß

1 Zunächst den Knoblauch schälen und pressen. Den gepressten Knoblauch in einen Mörser füllen, nochmals zerreiben und anschließend den Senf und die Eigelbe dazugeben. Gründlich vermischen und im Anschluss mit Safran, Paprikapulver sowie Pfeffer würzen.

2 Zum Abschluss portionsweise das Öl unterheben. Hierfür zunächst eine kleine Menge Öl hinzugeben und kräftig verrühren, sodass eine Art Paste entsteht. Diesen Vorgang mehrfach wiederholen, bis das Öl aufgebraucht ist.

3 Die fertige Rouille in eine kleine Schale umfüllen und servieren.

FRENCH-DRESSING

3 Port. 5 Min. Leicht

Zutaten

2 Knoblauchzehen
12 EL Rapsöl
6 EL Mayonnaise
6 EL Weißweinessig
3 EL Kräuter der Saison
3 TL Zitronensaft
3 TL Senf
Salz, Pfeffer

Nährwerte p. P.

512 kcal
1 g Kohlenhydrate
57 g Fett
1 g Eiweiß

1 Zunächst die Knoblauchzehen schälen und in ein hohes Gefäß pressen. Anschließend die Mayonnaise, den Essig sowie den Zitronensaft und den Senf dazugeben. Gründlich miteinander verrühren und anschließend die Kräuter untermischen.

2 Zum Schluss langsam das Rapsöl unterziehen und vorsichtig einrühren. Mit etwas Salz und Pfeffer abschmecken und das fertige French-Dressing bis zum Servieren im Kühlschrank lagern.

SAUCE (A LA) BECHAMEL – BECHAMELSOẞE

1 Port.

20 Min.

Leicht

Zutaten

40 g Butter
20 g Mehl
10 Pfefferkörner
1 Lorbeerblatt
1 Scheibe Zwiebel
425 ml Milch
Salz, Pfeffer

Nährwerte p. P.

698 kcal
42 g Kohlenhydrate
51 g Fett
17 g Eiweiß

1 Zunächst die Milch in einen Topf gießen und die Pfefferkörner, das Lorbeerblatt sowie die Zwiebelscheibe hinzufügen. Nun unter Rühren bei mäßiger Hitze aufkochen lassen. Anschließend den Topf vom Herd nehmen und die Gewürze herausfiltern.

2 Als Nächstes die Butter in einen zweiten Topf füllen und bei schwacher Hitze schmelzen lassen. Sobald die Butter vollständig geschmolzen ist, das Mehl einrieseln lassen und sofort einrühren.

3 Nun nach und nach die aromatisierte Milch dazugießen und mit einem Schneebesen kräftig einrühren. Sobald die gesamte Milch eingerührt ist, die Soße bei schwacher Hitze für ca. fünf Minuten sanft köcheln lassen. Zwischenzeitlich umrühren und abschließend mit Salz und Pfeffer abschmecken.

4 Die fertige Béchamelsoße servieren und genießen.

(SAMTIGE WEIẞE SOẞE)

VELOUTE

 1 Port.

 15 Min.

 Leicht

Zutaten

240 ml Rinder- oder Hühnerbrühe
1 EL Butter
1 EL Mehl

Nährwerte p. P.

120 kcal
8 g Kohlenhydrate
9 g Fett
2 g Eiweiß

1 Zunächst die Butter in einen kleinen Topf füllen und bei schwacher Hitzezufuhr schmelzen lassen. Im Anschluss den Topf von der Herdplatte ziehen, das Mehl einrieseln lassen und sofort kräftig in die Butter einrühren, bis sich beide Komponenten klümpchenfrei miteinander verbunden haben.

2 Als Nächstes den Topf zurück auf die Herdplatte stellen und das Mehl-Butter-Gemisch portionsweise mit der Brühe aufgießen. Kräftig mit einem Schneebesen verrühren und bei mäßiger Hitze aufkochen lassen. Im Anschluss die Hitzezufuhr reduzieren und die Soße für weitere fünf Minuten leise köcheln lassen

3 Die fertige Veloute in ein geeignetes Gefäß umfüllen und direkt servieren und genießen.

(SPANISCHE BRAUNE SOẞE)

ESPAGNOLE

3 Port.

1,5 Std.

Leicht

Zutaten

225 g Butter
50 g Tomatenmark
50 g Mehl
3 Zweige Petersilie
2 Zweige Thymian
2 Knoblauchzehen
1 Lorbeerblatt
1 Möhre
1 Zwiebel
1 Stangensellerie
1 l Rinderbrühe
Pfeffer

Nährwerte p. P.

667 kcal
20 g Kohlenhydrate
63 g Fett
4 g Eiweiß

1 Zunächst die Möhre schälen und würfeln sowie die Zwiebel schälen und hacken. Anschließend den Sellerie putzen und in kleine Würfel zerteilen sowie die Knoblauchzehen schälen und pressen. Zum Schluss noch die Kräuter waschen, trocken tupfen und zu einem kleinen Strauß zusammenbinden.

2 Nun die Butter in einen Topf füllen, erhitzen und das Gemüse darin bei mäßiger Hitze für drei bis vier Minuten andünsten.

3 Den Gemüse-Mix mit etwas Mehl bestäuben und unter Rühren mit der Butter und dem Gemüse vermischen. Für ca. ein bis zwei Minuten köcheln lassen, sodass die Soße etwas andickt.

4 Als Nächstes das Tomatenmark hinzufügen, einrühren und kurz mit anbraten. Im Anschluss mit der Brühe aufgießen und den Knoblauch sowie den Pfeffer und den Kräuterstrauß dazugeben. Für ca. 50 bis 60 Minuten bei mäßiger Hitze köcheln lassen und zwischenzeitlich umrühren.

5 Nach Ende der Kochzeit den Kräuterstrauß aus der Soße nehmen und die fertige Espagnole in ein geeignetes Gefäß umfüllen und servieren.

(KRÄUTERFRISCHKÄSE-CREME)

FROMAGE A LA CREME AUX HERBES

1 Port.

15 Min.

Leicht

Zutaten

500 g Magerquark
200 g Sahne
200 g Schmand
1 Knoblauchzehe
2 bis 3 TL TK-Kräuter der Provence
1 TL Salz
½ TL Pfeffer
1 bis 2 Spritzer Zitronensaft

Nährwerte p. P.

1390 kcal
31 g Kohlenhydrate
105 g Fett
79 g Eiweiß

1 Zunächst den Magerquark und den Schmand in eine Schüssel fül-len und miteinander verrühren. Im Anschluss die Sahne dazugie-ßen und erneut vermischen.

2 Als Nächstes den Knoblauch schälen und zum Quark-Mix pres-sen sowie die Kräuter waschen, trocken tupfen, hacken und un-ter die Masse heben. Alles gründlich verrühren und abschließend mit Zitronensaft, Salz und Pfeffer abschmecken.

3 Den fertigen Kräuterfrischkäse bis zum Servieren kaltstellen.

(KALTE ESTRAGONSOẞE)

SAUCE ESTRAGON FROIDE

6 Port.

20 Min.

Leicht

Zutaten

2 Eigelbe
40 ml Rapsöl
20 ml Olivenöl
2 EL frischer Estragon
2 EL Gemüsebrühe
1 EL Dijon-Senf
1 EL Weißweinessig
1 TL Zitronensaft
¼ TL Salz
weißer Pfeffer

Nährwerte p. P.

120 kcal
2 g Kohlenhydrate
12 g Fett
2 g Eiweiß

1 Zunächst die Eigelbe in ein hohes Gefäß füllen, die Brühe sowie den Senf und den Essig hinzufügen und mit Hilfe eines Pürierstabs fein mixen.

2 Als Nächstes das Rapsöl sowie das Olivenöl in ein zweites Gefäß füllen und miteinander verrühren. Den Öl-Mix nun portionsweise ganz langsam zu den restlichen Zutaten geben und jeweils fein mixen, sodass eine Emulsion entsteht.

3 Zum Schluss den Estragon waschen, trocken tupfen, hacken und unter die Soße heben. Die fertige Estragonsoße mit Salz und Pfeffer abschmecken, in ein geeignetes Gefäß umfüllen und servieren.